I0112533

PSICOGENEALOGÍA

DESCARGA GRATIS CON ESTE CÓDIGO

en la web www.editorialsirio.com/descargas

FAB106

TE ENVIAREMOS UNAS PÁGINAS DE LECTURA MUY INTERESANTES

Promoción no permanente. La descarga de material de lectura sólo estará disponible si se suscriben a nuestro boletín de noticias. La baja del mismo puede hacerse en cualquier momento.

La información contenida en este libro se basa en las investigaciones y experiencias personales y profesionales del autor y no debe utilizarse como sustituto de una consulta médica. Cualquier intento de diagnóstico o tratamiento deberá realizarse bajo la dirección de un profesional de la salud.

La editorial no aboga por el uso de ningún protocolo de salud en particular, pero cree que la información contenida en este libro debe estar a disposición del público. La editorial y el autor no se hacen responsables de cualquier reacción adversa o consecuencia producidas como resultado de la puesta en práctica de las sugerencias, fórmulas o procedimientos expuestos en este libro. En caso de que el lector tenga alguna pregunta relacionada con la idoneidad de alguno de los procedimientos o tratamientos mencionados, tanto el autor como la editorial recomiendan encarecidamente consultar con un profesional de la salud.

3ª edición: febrero 2025

Título original: PSYCHOGÉNÉALOGIE. Guérir les blessures familiales et se retrouver soi
Traducido del francés por Miguel Portillo Díez
Diseño de portada: Editorial Sirio, S.A.
Maquetación de interior: Toñi F. Castellón

© de la edición original
2007, 2012, Éditions Payot & Rivages,
106, boulevard Saint-Germain, 75006 Paris.

© de la presente edición
EDITORIAL SIRIO, S.A.
C/ Rosa de los Vientos, 64
Pol. Ind. El Viso
29006-Málaga
España

www.editorialsirio.com
sirio@editorialsirio.com

I.S.B.N.: 978-84-18000-48-5
Depósito Legal: MA-913-2021

Impreso en Imagraf Impresores, S. A.
c/ Nabucco, 14 D - Pol. Alameda
29006 - Málaga

Impreso en España

Puedes seguirnos en Facebook, X, YouTube e Instagram.

Cualquier forma de reproducción, distribución, comunicación pública o transformación de esta obra solo puede ser realizada con la autorización de sus titulares, salvo excepción prevista por la ley. Diríjase a CEDRO (Centro Español de Derechos Reprográficos, www.cedro.org) si necesita fotocopiar o escanear algún fragmento de esta obra.

PEFC Certificado
Este producto procede de bosques gestionados de forma sostenible
PEFC
PEFC/14-38-00369   www.pefc.es

Anne Ancelin Schützenberger

PSICOGENEALOGÍA

Sanar las heridas familiares
y encontrarse a uno mismo

EDITORIAL
SIRIO

A mi padre,
ese héroe de sonrisa tan dulce...

y a Françoise Dolto.

Índice

Índice

Índice

AGRADECIMIENTOS

Mi agradecimiento a Christophe Guias, de Éditions Payot, sin el cual este trabajo no habría visto la luz; a Françoise Vasseur y Christine Joannès, que me ayudaron mucho en la finalización del manuscrito, así como a Élisabeth Olivieri-Valois, de la Bibliothèque Nationale, y a Véronique Rat-Morris, por la bibliografía (ya terminada).

«Solo puedes cantar bien en las ramas
de tu árbol genealógico».

René Char

«Los padres comieron uvas agrias,
y los hijos tienen dentera».

La Biblia

«Los hechos son obstinados».

Anne Ancelin Schützenberger

«El mapa no es el territorio».

Alfred Korzybski

«La escritura es supervivencia».

Jean-François Deniau

Libar en el jardín familiar

La psicogenealogía es un arte y una ciencia. Es un proceso que nos permite comprender y aprovechar al máximo nuestra herencia psíquica o, si es necesario, transformarla.

Creada a partir de la psicología clínica, se basa en el psicoanálisis aplicado a los vínculos transgeneracionales y en la técnica sociopsicológica del genosociograma, un árbol genealógico completo y ampliado, que incluye enlaces y hechos de la vida importantes.

Acuñé el término de *psicogenealogía* en los años ochenta para ayudar a mis estudiantes de Psicología, a los médicos y a los trabajadores sociales de la Universidad de Niza a entender qué eran los lazos familiares, la transmisión y lo transgeneracional.

El término se aplica a una genealogía reformulada en el contexto de la investigación psicológica: psicohistoria, trabajo contextual, constataciones clínicas del psicoanálisis y trabajo de investigación sobre la comunicación no verbal, como el lenguaje corporal, los lapsus verbales, representaciones, actos fallidos, las «fugas corporales» de nuestras vivencias a través de la expresión involuntaria del cuerpo (respiración, emoción revivida, calor o, por el contrario, «frío glacial, mortal»).

Desde entonces, ha gozado de una gran aceptación, hasta el punto de que su amplísima difusión ha llevado a su trivialización y sobreutilización, con toda la pérdida de precisión que ello supone.

En general, no es utilizado por especialistas clínicos, académicos, psicólogos graduados o doctores, ni por ninguno de mis colegas, amigos o estudiantes.

Y es que las palabras, una vez pronunciadas o escritas, tienen vida propia y se nos escapan.

La moda de la psicogenealogía, transmitida por los medios de comunicación, tuvo un éxito pasajero: todo el mundo se la apropió. Así que hoy en día cualquiera puede practicarla sin haber recibido necesariamente una formación seria, tanto académica como clínica. Esto provoca abusos que han obligado al legislador a considerar tanto sanciones como obligación de formación universitaria adicional.

Aconsejo al lector interesado que siga la evolución jurídica en Francia y en el resto de Europa, y que exija siempre información precisa sobre la formación de el/la psicoterapeuta a quien piensa consultar.

Mi buen maestro, el psiquiatra Georges Dumas, y luego André Ombredane, su discípulo que se convirtió en mi jefe de investigación del CERP (CNRS), en su día me instaron a cuestionarme siempre a mí misma, incluso cuando llevara muchos años de práctica, a no prescindir nunca de los supervisores, a continuar realizando «tramos de psicoterapia» y a mantenerme informada del progreso de la investigación. Seguí su consejo y, a mi vez, lo recomiendo.

Nada puede darse por sentado.

Es cierto que se necesita coraje, perseverancia, humildad, así como un entorno «solidario» para volver a formarse y estudiar de nuevo, sea cual sea la edad.

Sin embargo, me parece normal que los que se ofrecen a ayudar a otros a hacer limpieza hayan «barrido primero su propia puerta» y estén cualificados. La buena voluntad no es suficiente, ni mucho menos.

Y recordemos que el camino que lleva al infierno está pavimentado de buenas intenciones...

Hoy quiero transmitir mi vasta experiencia, acumulada a lo largo del tiempo, mi forma de trabajar y mi ética profesional, todo ello sobre la base de mi formación académica multidisciplinar.

A los dieciocho años ingresé en el Instituto de Óptica, una escuela de ingeniería científica en la que era la única chica y que me ha dejado una huella, aunque no terminé esos estudios. A la vez asistía como oyente al Instituto de Estudios Políticos.

Luego proseguí largos estudios universitarios en varios campos de las ciencias humanas: derecho (licenciatura), psicología (DESS y doctorado), ciencias políticas, economía, economía política, historia de la Revolución francesa, antropología y estadística.

A esto se añaden mi psicoanálisis personal (con Robert Gessain, antropólogo médico, y luego con Françoise Dolto) y mi «análisis de grupo», el trabajo en grupos pequeños, mi experiencia sobre el terreno en los cinco continentes y en investigación-acción.[*] También he hecho psicodrama con J. L. Moreno y sobre todo he descifrado el lenguaje corporal con James Enneis en el Saint Elizabeth Hospital de Washington D. C. (Estados Unidos) y luego en París.

Este enfoque del lenguaje corporal y del espacio me influyó durante mis dos doctorados. En ese momento, se requerían dos tesis. El tema de mi tesis «pequeña» fue sobre la formación, y el tema de la «grande», mi doctorado, fue la comunicación no verbal.

Retomé estos largos estudios bajo la doble presión amistosa de J. L. Moreno y de mi marido, Marcel-Paul Schützenberger.

---

[*] N. de la E.: Una metodología que consiste en el estudio de una problemática social específica que afecta a un determinado grupo de personas, sea una comunidad, asociación, escuela o empresa. Es especialmente apropiada para investigaciones a pequeña escala, y suele aplicarse sobre todo en las áreas de educación, salud y asistencia social.

Además, conseguí la habilitación que se requería para ser nombrada profesora titular de psicología, así como profesora-investigadora en la Universidad de Niza. Al mismo tiempo, también ejercía como experta supervisora en humanidades en Naciones Unidas.

Mis estudios de posgrado en dinámicas situacionales de grupo y psicodrama me llevaron al trabajo de observación en la Universidad de Míchigan, en Ann Arbor (Estados Unidos).

Luego, durante unos diez años, realicé cursos de verano de posgrado en comunicación no verbal e investigación científica.

De todo ello me ha quedado una apertura a la diferencia y una cierta agilidad mental, ¡al igual que haber tocado el piano ayuda a trabajar con un ordenador!

«La cultura es lo que queda cuando lo has olvidado todo», como dijo Émile Henriot. Añadiría: sobre todo cuando se es plenamente consciente tanto de lo que se sabe como de la amplitud de nuestra propia ignorancia, que puede ser grande en algunas áreas, en un mundo en perpetuo movimiento en el que los paradigmas cambian.

Volviendo a la psicogenealogía clínica, me gustaría añadir que no consiste en aplicar una cuadrícula, ni en encontrar simples repeticiones de fechas que no serían necesariamente significativas.

Se trata de seguir las sinuosas asociaciones de pensamientos del «cliente» (en el sentido de Carl Rogers: el que viene a consultar), como lo hacemos en el psicoanálisis, para ayudarlo observándolo y trabajando en el diálogo, guiándolo, por medio de hipótesis que hay que verificar, a fin de encontrar su significado específico, único, individual, personal y contextual.

Para hacer psicogenealogía clínica,* es necesario que el cliente deje las maletas de su pasado y esté dispuesto a soltar para superar

---

* La clínica, según el diccionario Larousse, implica una formación y una experiencia hospitalaria de trato directo con pacientes; también incluye síntomas que el médico, el auxiliar de enfermería o el psicólogo clínico están entrenados para percibir. El diccionario también define la psicología clínica como una rama de la psicología (profesional y teórica) que lleva a cabo una investigación a fondo de los casos individuales.

el daño de los traumas que incorporó, las secuelas, las consecuencias y los posibles efectos de un pasado familiar, sus heridas, errores, faltas, deshonras, culpabilidades, arrepentimientos, desarraigos, pérdidas, duelos, secretos tácitos, etc.

La psicogenealogía también puede ser utilizada como un hilo conductor para entender nuestra vida, nuestras elecciones profesionales y personales, e iluminar el camino sin que sea obligatoriamente una cuestión de traumas.

Sucede que muchas veces la gente que viene a la consulta se encuentra atenazada por sufrimientos corporales o psíquicos.

Pero el trabajo en psicogenealogía se interesa también en los muchos *acontecimientos felices* que jalonan un linaje, en los momentos y en el clima de felicidad de las pequeñas cosas simples de la vida.

Porque el objetivo de la psicogenealogía, no lo olvidemos, es sobre todo asumir el pasado, pero también aprender a libar en el jardín familiar para hacer tu propia miel...

Los hechos son obstinados

Contexto de la concepción, del nacimiento y otros avatares (síndrome del oso mal lamido)

Todos nacemos con un cordón umbilical que nos conecta con nuestra madre y que se corta al nacer. Este cordón umbilical es físico, psicosomático y psicológico, y muchos seres humanos no llegan a la edad adulta hasta que no son capaces de cortar el vínculo fusional con su madre o familia y vivir sus elecciones personales. Es decir, convertirse en seres autónomos, eligiendo y dirigiendo sus vidas (de esto hablaremos más adelante) y no padeciendo o repitiendo la vida, las desgracias, los sufrimientos, los fracasos y las faltas de sus antepasados en un mundo que se ha vuelto diferente.

El ser humano puede entenderse mucho mejor si se tiene en cuenta el contexto de su concepción: si el niño fue deseado o no, cuál es su rango entre los hermanos, etc., pero también por el contexto en el que nació: ¿fue un parto fácil o difícil?, ¿fue el bebé separado de la madre al nacer? (en caso afirmativo, esto explicaría mucho traumas, singularidades, casos de niños maltratados o rechazados por parte de familias normales y corrientes, o el síndrome del «oso mal lamido»*).

La elección del nombre

También es importante para el sujeto que busca su historia, y para quienes se ocuparán de ella, «contextualizar» la elección de su nombre y apellido, o la ausencia de un apellido «real» (legítimo). Y evaluar los problemas que esto conlleva en el caso de los descendientes de niños abandonados, bastardos u otros «niños de las inclusas» o de los tornos de las recepciones anónimas de los conventos o casas religiosas de los viejos tiempos.

Autonomía financiera

El individuo comienza a echar raíces cuando adopta la postura erguida y aprende a andar. Se replegará o se afirmará en la adolescencia. Por último, despegará con su autonomía económica: esta etapa es muy diferente para cada individuo y a veces nunca se alcanza antes de la muerte de los padres o del cónyuge.

Esta transición hacia una verdadera autonomía (económica) es esencial para convertirse en un verdadero ser adulto, y fue a menudo infravalorada. Para algunos, como Marc Fréchet, la verdadera autonomía solo comienza cuando te ganas la vida y ya no dependes de tu familia económicamente, logrando la *verdadera autonomía económica*, que representa una transición a otra etapa de desarrollo y a una nueva vida.

Sería como un nuevo nacimiento y desencadenaría un nuevo ciclo (repetitivo). Podría resultar iluminador para trabajar a partir de ese momento crucial de independencia económica real: se

---

* Los animales mamíferos lamen a sus crías al nacer y las marcan como suyas. Este proceso normal a veces es perturbado y el pequeño muere. O bien, sobrevive pero con una discapacidad en relación con los lazos sociales y emocionales. Esto es lo que en el lenguaje popular se llama «un oso mal lamido», torpe y desmañado.

verifica el postulado de Fréchet de que son ciclos repetitivos. Así que es interesante para aclarar este punto y comprobarlo.

El concepto de autonomía y la cuestión de convertirse en adulto se acercan a las nociones de *maduración* de Carl Rogers y de «no directividad» que tanto fascinaron a los partidarios de la psicología humanística alrededor de 1968. Los psicosociólogos se interesaron también por los conceptos de Ivan Boszormenyi-Nagy de «contabilidad familiar de derechos y deberes» y «libro mayor», que arrojan luz sobre tantos problemas de la lucha por la herencia y la sucesión o el «pago de las deudas familiares» respecto a la mala salud u otros dramas, como si hubiera una justicia inmanente.

En cualquier caso, cada individuo forma parte de un linaje. Pero linaje también significa estirpe, herencia y transmisión. ¿Transmisión de qué, y cómo?

Se hereda de los antepasados conocidos o desconocidos el color de los ojos, una «mirada», una calidad de piel y cabello, a menudo una buena o mala salud, a veces dotes musicales o artísticas, pero a veces también angustia materna o paterna. Asimismo pueden manifestarse sentimientos de culpabilidad: culpabilidad por los actos personales o de la familia, por haber sobrevivido... *—culpabilidad del superviviente—* o por haber «pasado la raya», como se decía antaño de algunos negros de tez clara, que se marchaban lejos para labrarse una nueva vida como hombres libres al fin, borrando sus huellas.

Huellas borrosas

Hasta el día de hoy, se borran muchos rastros de antecedentes étnicos, financieros o políticos. Incluso en el siglo XXI, la «corrección política» a menudo cambia de lado, dependiendo de los vientos de la política y los sucesos; y héroes, traidores y deshonras ocultas cambian también rápidamente de bando.

Ya en la Biblia

En la Biblia, la metáfora de las uvas agrias representa las faltas, los errores, los pecados cometidos por padres, abuelos y bisabuelos y transmitidos y pagados por las siguientes generaciones. De ahí la cita anterior al prólogo: «Los padres comieron uvas agrias, y los hijos tienen dentera». Lo vemos constantemente a nuestro alrededor, como una evidencia, vivida como una injusticia y una maldición: «Los hijos serán castigados por los pecados de sus padres».

Solo más recientemente hemos vuelto a otro importante concepto bíblico; un individuo solo debe pagar por sus propias acciones y faltas:

> «En aquellos días no dirán más: "Los padres comieron las uvas agrias y los hijos tienen la dentera", sino que cada cual morirá por su propia maldad; los dientes de todo hombre que comiere las uvas agrias, tendrán la dentera».
>
> Jeremías 31: 29-30

Sin embargo, esto no evita que uno cargue con la culpa, haga lo que haga. Por lo tanto, el código de circulación, al menos en Francia, está claro: uno puede ser culpable de no prestar asistencia a una persona en peligro si pasa por delante de un siniestro en la carretera sin detenerse. Sin embargo, si para ayudarlo, lo movemos con torpeza mientras sufre algún trauma en la columna vertebral y permanece discapacitado o incluso muere a causa de él, somos responsables de la misma manera...

Volvamos a la primera cita y pensemos en el significado que le dan los psicoterapeutas y los psicoanalistas transgeneracionales.

Distinguir lo intergeneracional de lo transgeneracional

A menudo se trata de dos transmisiones a veces contradictorias o divergentes: la transmisión *intergeneracional* (entre generaciones que se conocen) y la transmisión *transgeneracional* (a lo largo de varias generaciones, a veces lejanas) de una «tarea inacabada».

Por lo tanto, debemos hacer una clara distinción:

- Lo que está claro en la transmisión, entre generaciones en contacto, lo que se conoce, transmitido conscientemente, a menudo verbalmente, lo *intergeneracional*, es la parte visible del iceberg, retomando la metáfora.
- Lo que se mantiene en secreto, oculto, tácito, sin saberse, lo no formulado, es decir, impensado (no pensado) –lo *transgeneracional*–, a veces un acontecimiento feliz, pero con demasiada frecuencia un trauma o pena no resueltos, y por ello más activo, porque es silencioso, pues no fue ni digerido ni elaborado, sino que se siente o se expresa en el dolor, confusamente, se transmite como la parte invisible del iceberg, el «encofrado en bruto», y que lo gobierna sin nuestro conocimiento.

Lo que pasa a través de las generaciones es que «la patata caliente que nos vamos pasando», se queda en el estómago, sin digerir, activa y dolorosa como un cólico.

La importancia de ser conscientes de la influencia de los lazos transgeneracionales en nosotros se basa en la constatación de los traumas y los «asuntos pendientes» a los que aún no se les ha dado un significado o puesto fin, aunque sea de manera simbólica, que resurgen una y otra vez y durante generaciones, en forma de malestar, enfermedad, muertes trágicas o prematuras, asunciones de riesgos que acaban trágicamente, o accidentes.

Choques, sufrimiento, dolor, drama, traumas no solucionados, duelos no realizados, secretos personales o familiares, todo lo que permanece inacabado, a veces durante siglos, sin que las generaciones anteriores lo hayan resuelto, puede transmitirse y marcar a las generaciones siguientes de maneras diversas, variadas, profundas y a veces trágicas.

No se trata únicamente del «pecado», las faltas y los errores que se transmiten de generación en generación sin resolución, sino también de los acontecimientos notables, incluso felices.

Huelga decirlo, pero mejor hacerlo: la comunicación consciente verbal y la expresión de sentimientos, directa o indirecta

Una transmisión tácita de la experiencia

La transmisión de la experiencia vivida profunda es a menudo tácita, indirecta, revelada por la emoción, lo no dicho, la evasión, el silencio. Verbalizada o no, es manifiesta: «huelga decirlo», el hijo notario sucede al padre notario, el hijo del productor de vino o el panadero sucede a su padre... pero a menudo es mejor decirlo.

Sentimientos, deseos, pensamientos, voluntades reales pueden expresarse de muchas maneras: decir o expresar de forma diferente (para hacer que se sepa), la «verdad verdadera» —como dicen los niños—, decir o no decir, sin decirlo o diciéndolo, lo implícito, lo tácito, lo explícito...

Visión de conjunto del análisis transgeneracional y sus implicaciones

Los problemas de las familias, sus esperanzas, sus sufrimientos, incluso sus traumas, ¿pueden transmitirse a través de generaciones y formar parte de un legado invisible e inconsciente, pero muy presente?

Esta cuestión forma parte del debate más amplio —y siempre abierto— sobre lo innato y lo adquirido, una cuestión a menudo incomprendida y mal integrada en el reciente desarrollo, a veces anárquico, vinculado a la popularización del enfoque transgeneracional. El concepto de «psicogenealogía», que se ha puesto de moda, se utiliza a menudo fuera de la investigación científica propiamente dicha y de los círculos académicos de alto nivel.

La transmisión de los traumas de generación en generación a través de diversos actos fallidos

Los últimos resultados de la observación clínica y de la investigación,[1] así como de varios investigadores estadounidenses y europeos, demuestran que las imágenes de los traumas del pasado, tanto personales como familiares, pueden transmitirse de generación en generación, por ejemplo a través de pesadillas, pero también a través de accidentes ocurridos en fechas concretas y significativas.

Puede tratarse de muertes repentinas en el aniversario de eventos familiares importantes, incluyendo aniversarios de traumas de guerra. Estos accidentes o muertes pueden ocurrir en el mismo día del calendario que el aniversario del suceso, en el mismo día de la semana o en el mismo período específico de vacaciones (el lunes de Pascua, otro día festivo con una fecha diferente pero significativa para la memoria familiar y social), o incluso en fechas o circunstancias llamativas, como «durante la cosecha del heno», «en el último día de la cosecha», «en el camino a la casa del tío avaro» o durante algún otro evento personal, familiar o local importante.

La emergencia corporal de la memoria familiar

Estos traumas son vistos y descubiertos a través de la transmisión de imágenes, olores, sonidos, sabores o cambios en la temperatura corporal, por ejemplo «estar congelado», «sentir un frío glacial», «abrasarse de calor»... A veces surgen sensaciones físicas y cinéticas, tales como necesidad de correr, sensación de asfixiarse, notar un olor o un sabor (como el olor de una crema específica para bebés o el sabor de un famoso jarabe relajante; por ejemplo, durante una memorable sesión con un adulto, vimos como empezaba a succionar con la expresión facial de un bebé, lo oímos hablar con voz de niño pequeño y notamos una ralentización general como si se encontrase bajo el efecto de un sedante; luego recuperó la voz de hombre, justo después del final y el «desrolaje» del rol y de la edad), sudar o sentirse bien, relajado, feliz, liberado, o cansado, ansioso, oprimido o aterrorizado.

Repeticiones

Estas imágenes y sensaciones no se experimentan como alucinaciones, sino como eventos profundamente reales —un evento revivido—, y estas dolencias o accidentes-incidentes-traumas pueden seguir pasando de generación en generación, a menudo hasta la decimocuarta o incluso más allá.

Esta mirada más lúcida sobre los acontecimientos familiares y su contexto «psicohistórico», complementada y obtenida a través de la psicogenealogía, modifica nuestra comprensión de la mente y los sentimientos humanos, de la historia individual y familiar, pero también de la psicoterapia y el psicoanálisis. Esta perspectiva arroja luz sobre las repeticiones familiares y contribuye a superar muchos dramas, dificultades, accidentes repetitivos, enfermedades...

Josephine Hilgard y Anne Ancelin Schützenberger

«Lo que no se expresa en palabras se graba, y luego se expresa en dolores», decimos. Y lo hemos estado escribiendo desde hace varios años.

Josephine Hilgard, cuyo trabajo es reconocido pero poco conocido, ya que solo ha publicado artículos, ha demostrado que la transmisión intergeneracional o transgeneracional de un trauma o del duelo inacabado —muerte, internamiento, separación brutal madre-hijo— es un factor estadísticamente significativo, es decir, que no puede ser debido al azar, en la evolución de ciertos casos de psicosis en adultos.

Nuestra propia investigación también ha demostrado la repetición de accidentes automovilísticos, de montaña o de caza, muertes tempranas y episodios traumáticos en el aniversario del primer evento (en caso de que el primero pueda ser localizado).

En algunos casos, las repeticiones de una misma situación se remontan a uno o dos siglos atrás: en Francia, a menudo hasta la Revolución (1789) y el Gran Terror (de la guillotina) (1793-1794); en Estados Unidos, hasta la guerra de la Independencia (1774-1783) y la Guerra Civil (1860-1864); en Irlanda, volvemos a la revuelta contra Inglaterra (1796-1798) y a la Gran Hambruna (de la patata) (1846-1848), y en Inglaterra, hasta la Guerra Civil (1625-1649) y durante la época de Cromwell.

Verbalizar los males

Este tipo de investigación y terapia puntual, basado en la «psicohistoria», la *verbalización* y el *contexto* personal, familiar y sociohistórico, que se ha transmitido a lo largo de muchas generaciones, puede convertirse en una ayuda esencial para las generaciones actuales y su bienestar mental, moral y físico. Tiene como objetivo evitar su repetición malsana —accidentes, enfermedades graves, muertes prematuras— y, en nuestra opinión, ha de estar vinculada a una reelaboración tanto de las tareas inacabadas (este es el efecto

Zeigarnik, del que hablaremos más adelante) como de las «lealta-des familiares y grupales» invisibles e inconscientes.

La psicogenealogía se inscribe en el curso/transcurso o como complemento de una psicoterapia a largo plazo. Pero no debe uti-lizarse como una panacea, aunque pueda iluminar el camino y re-solver muchos problemas en un corto período de tiempo.

CAPÍTULO II

Seamos fieles a nuestros antepasados, pero también y sobre todo a nosotros mismos: «lealtades familiares» invisibles e inconscientes

El ser humano es un animal gregario y social...

El ser humano, al igual que el animal, ha sobrevivido agrupado desde los períodos glaciares. Nuestro primer reflejo es acurrucarnos juntos como grupo y «hacer las cosas como todo el mundo», y las excepciones no cambian nada.

Hay algo dentro de nosotros que nos hace querer «defender» nuestra familia y su forma de vivir y pensar, y reproducir su comportamiento (lealtades familiares consciente e inconscientes), independientemente de nuestros deseos conscientes de hacer lo contrario. Y si para destacar hacemos lo contrario de lo que se hizo, y si nuestros padres hicieron lo mismo, estaremos repitiendo la forma de rebeldía de nuestros abuelos: reaccionamos en lugar de elegir y actuar. Y el ciclo comienza de nuevo...

Pero cuidado, hacer lo contrario no es liberarse de los padres, sino estar atado a ellos por oposición. Sigue siendo una forma invisible de vínculo y lealtad familiar.

Ser libre para tomar las propias elecciones abre la puerta a otras opciones.

Llegar a ser adulto, cortar el cordón umbilical y liberarse de la carga familiar es poder realizar elecciones para uno mismo, y posiblemente elegir otra forma de vida y otros criterios para juzgar y elegir.

La cripta y el fantasma

Recordemos que es raro encontrar una familia que no tenga uno o más secretos, y a menudo un «cadáver en el armario», o al menos temas que no se mencionan tácitos e implícitos, así como «temas tabú» de los que ya no se habla o que se evitan.

Los secretos de familia son asuntos candentes. Son como «patatas calientes» de las que nos deshacemos lo más rápido posible y pasan de mano en mano, cada mano quemándose en el proceso, de generación en generación. En cierto modo, crean una *división* de la personalidad: una parte que sabe y una parte que no quiere o no puede saber. Es como un trauma en contrapartida, un contragolpe, una herida abierta que hay que destapar, una queja que quiere ser escuchada, oída y vista, tenida en cuenta, incluso curada, apoyada y *contenida* por un verdadero «contenedor» de apoyo terapéutico, un *holding*.[1]

Así es como el psicoanalista parisino de origen húngaro Nicolas Abraham propuso explicar los casos de ciertos pacientes que no correspondían a la propia experiencia del paciente ni a un modelo teórico freudiano.[2] Era como si alguien más se expresara a través de su boca, como un ventrílocuo. Parecía como si estuvieran poseídos por un «fantasma» que llevaba un pesado secreto familiar oculto, «que salía de una cripta» dentro de un descendiente, para manifestarse física o psíquicamente, para ser escuchado (antiguo tema del cuento judío ruso *Dybbuk* sobre la posesión de una joven por un antiguo amante).

La liberación del sufrimiento solo es posible cuando comprendemos y «exhumamos» y comenzamos a trabajar en él. Esto se logra a través de una escucha atenta por parte de un facilitador, generalmente un psicoterapeuta o psicoanalista especializado, que apoya y «contiene» nuestras expresiones y manifestaciones.

Relación con el coconsciente y el coinconsciente

Freud abrió en 1909 el campo del *inconsciente individual*; Jung, en 1953, el del *inconsciente colectivo*, y Moreno, el del *coconsciente* y el *coconsciente* familiar y grupal. Hilgard y yo, por nuestra parte, hemos identificado, cada una a su manera, el *síndrome del aniversario*. El concepto de *coconsciente familiar y grupal* es una de las principales herramientas que utilizo para entender los vínculos transgeneracionales.

El polifacético investigador inglés Rupert Sheldrake ha denominado *ondas morfogénicas* a las «ondas» que unen a las personas cercanas entre sí, desde el punto de vista familiar o incluso terapéutico (en un contexto de proximidad durante una formación o de una terapia, por ejemplo), como un sexto sentido, o incluso un séptimo sentido, cuando se trata de la sensación de ser espiado, por ejemplo. Lo ha demostrado con películas muy elocuentes que muestran en una doble pantalla sincronizada en qué momento preciso el perro «siente» la llegada de su amo; el amo toma sus llaves en su oficina, a lo lejos, y el perro se levanta para ir a la puerta de casa, incluso en una fracción de segundo...

La NASA verificó durante la guerra que una perra en tierra se ponía a ladrar sin parar cuando sus cachorros se ahogaban a lo lejos en el mar en un momento aleatorio.

Muchos de nosotros hemos tenido la experiencia de pensar «por casualidad» en alguien y que esa persona justo llame por teléfono, o de despertarnos por la noche con un sobresalto y pensando en un ser querido concreto, y luego enterarnos de que acaba de morir o ha tenido un accidente grave.

También he ampliado los conceptos de Ivan Boszormenyi-Nagy de «gran libro de contabilidad familiar» y «lealtades invisibles» para incluir las *lealtades familiares inconscientes e invisibles* y las *lealtades invisibles* de pequeños grupos o equipos, en el análisis y la comprensión en profundidad de los vínculos transgeneracionales, que son inconscientes pero manifiestos.

La «interpsique» de un grupo o equipo puede hacerse explícita mediante una variedad de técnicas, estados coconscientes y coinconscientes. Estos estados son experimentados por las parejas, miembros de la familia y personas estrechamente relacionadas entre sí en un grupo, y pueden ser representados y compartidos. El sociólogo y psicodramatista J. L. Moreno tuvo la corazonada de lo que ahora se llama el efecto inmediato de las *neuronas espejo*. Lo explica así: «Un estado coconsciente o coinconsciente no puede pertenecer a una única persona. Siempre es de propiedad *conjunta*».[3]

El coconsciente y el coinconsciente (familiar y grupal)

Volvamos a los conceptos sobre el consciente y el inconsciente de Freud (individual), Jung (colectivo) y Moreno (coconsciente y coinconsciente familiar y grupal).

El concepto de Moreno del coinconsciente no es lo mismo que el concepto del inconsciente colectivo de Jung. Trata de los vínculos de equipo y familiares, y no de los vínculos ampliados a la sociedad en general.

Es importante no confundir lo que subyace a estas diferentes terminologías.

Nuestra propia historia familiar no es la misma que el folklore de nuestra cultura, aunque a veces haya contagios o solapamientos entre la experiencia de una familia, la sociedad y la cultura en general.

En la década de los cincuenta, concluí —y sigo pensando lo mismo hoy en día— que los conceptos de coconsciente y coinconsciente son muy importantes, una «llave» para el mundo, para la terapia, la psicoterapia y el psicodrama, así como para la psicogenealogía. Estoy convencida, después de haber practicado y enseñado psicoterapia en los cinco continentes durante más de cincuenta años, de que la conceptualización del *coconsciente* y el *coinconsciente de una familia* se encuentra entre las ideas más fértiles de Moreno. Tan importante como la *inversión de roles*, la *proyección en el futuro*, la *sociometría* y el átomo social.[4]

Algunos de nosotros —y me incluyo— hemos retomado este nuevo concepto de coconsciente familiar y grupal para explorar y desarrollar el coconsciente familiar y el coinconsciente, y también grupal en el caso de un equipo.

Desarrollé el concepto de *coinconsciente* durante más de veinte años en mi trabajo sobre los lazos familiares transgeneracionales, las lealtades familiares y el síndrome del aniversario, la psicogenealogía y la terapia transgeneracional.

En este trabajo utilizo el *genosociograma* —un enfoque, una técnica que he creado a partir del genosociograma estándar y del átomo social (que detallaré más adelante)— así como las *viñetas psicodramáticas* y la *realidad excedente*.

No repitamos los errores, el sufrimiento y las faltas de nuestros antepasados, pero sepamos que los hechos se siguen repitiendo en momentos importantes, a menudo significativos: el síndrome del aniversario

A tención: no todas las repeticiones tienen sentido y aunque las golondrinas regresan en primavera, no son ellas las que la traen de vuelta.

Se necesita una formación sólida y una larga experiencia clínica para «oler», ver y adivinar lo que es significativo –y difiere de una repetición ocasional sin importancia– y necesita ser desarrollado, desenterrado y elaborado. La investigación actual sobre las «neuronas espejo» puede ponernos en el camino de la comprensión de esta «intuición clínica» del significado e intencionalidad. Volveremos sobre esto en el capítulo cinco.

Síndrome del aniversario y repetición

El síndrome del aniversario señala una repetición de eventos significativos, felices o infelices, o incluso dramáticos, en la misma fecha, a la misma edad o en el mismo período de tiempo específico.

A menudo lleva *como una huella*, repetitiva e inconsciente, tanto de eventos claves felices como de traumas horribles, indecibles, incluso inimaginables. Entonces se considera un trauma no resuelto del pasado, que a menudo se repite a través de una muerte temprana, accidente, enfermedad o dolencia, o de manifestaciones psicosomáticas o somatopsíquicas.

Puede estar vinculado a un evento personal o familiar, a varios problemas experimentados por generaciones precedentes y en particular a un *shock* traumático, generalmente un duelo inacabado o una pérdida significativa.

Pérdidas inaceptables y duelo no cumplido

Se trata a menudo de la pérdida inaceptable de un ser querido: un bebé (o incluso un aborto espontáneo), el padre o la madre, etc. También puede ser la pérdida de un animal familiar —gato, perro, canario, caballo—, un objeto, un árbol, un piano o incluso una casa, un país, una nacionalidad, las raíces. Puede asimismo ser una parte del cuerpo de la que hay que separarse: un brazo, una pierna, una mama, incluso un rostro (los «tullidos» de 1914-1918) o cualquier otra cosa que sea importante para uno.

Cuando no se hace el duelo, se deja una «tarea inacabada», interrumpida, que va a «fermentar» en esa persona y sus descendientes (como ocurre con la masa o con el vino).

Pero no todos los eventos importantes son trágicos.

El síndrome del aniversario también puede manifestarse positivamente a través de la repetición de sucesos felices e importantes, que permanecen vivos en la memoria de una familia, como si estuvieran marcados con tiza.

Estos pueden incluir el recuerdo de una persona amada, la repetición de las fechas de la boda o de nacimiento. Por ejemplo, el nacimiento de un bebé nacido, como si se quisiera festejar, honrar, recordar a un pariente querido, tiene lugar en el día del aniversario del nacimiento o la muerte de un abuelo o de una bisabuela, recordándonos el amor y las conexiones positivas.

Estos eventos pueden estar relacionados con una fecha de matrimonio, nacimiento, bautismo, promoción, nombramiento, hecho histórico...

También hay que recordar que el funcionamiento del síndrome del aniversario se explica por las *lealtades familiares invisibles* que nos hacen repetir sucesos importantes (volveremos a esto más tarde).

El síndrome del aniversario es un concepto relevante porque ayuda a entender que las dolencias que sufrimos están a menudo relacionadas con una identificación con un pasado inacabado, y que si nos las arreglamos para enterrar este pasado, para llorarlo, para «reparar» las pérdidas, para «limpiar el árbol genealógico» —por lo menos simbólicamente—, entonces podemos volver a nuestras propias vidas en lugar de ir repitiendo el trauma durante generaciones.

Las fechas de nacimiento y matrimonio se repiten a menudo a través de varias generaciones.

Un ejemplo: el matrimonio de Renée en el Canadá francés (Quebec) con un francés el 28 de agosto de 1971, diez generaciones después del matrimonio de su antepasada Françoise con un hombre llamado René el 28 de agosto de 1728. Tuvimos la suerte de averiguarlo porque en Quebec hay registros de nacimientos, bodas y fallecimientos que datan del siglo XVII. Para muchas familias, este tipo de investigación también es posible en Europa occidental.

El síndrome del aniversario puede tener lugar cuando se presentan síntomas similares en un descendiente de aproximadamente la misma edad que el antepasado en el momento del evento con síntomas o incidentes idénticos (trauma, enfermedad, accidentes, hospitalización, internamiento, duelo).

El síndrome también puede manifestarse a través de un vínculo con fechas repetitivas, o períodos repetitivos del año, de modo que síntomas particulares como pesadillas, ataques de ansiedad o accidentes ocurrirán a la misma edad, a veces el mismo mes o día que el primer trauma sufrido por un antepasado importante.

El inconsciente registra lo que quiere: para él, un día especial puede ser un día en particular −la vuelta a las clases, la víspera de Navidad−, también una visita memorable, un viaje, momentos concretos de la vida («cuando segábamos la hierba», la vendimia, «cuando murió la abuela»...). *El inconsciente tiene buena memoria, y el cuerpo tiene «memoria de elefante»* −el cuerpo social también− pero cada uno reacciona de manera diferente a los acontecimientos de la vida.

Thomas H. Holmes y Richard H. Rahe han establecido una lista calibrada de eventos de vida significativos, que puede tener consecuencias de gran alcance para los individuos que se enfrentan a ellos. La encontraremos en los anexos al final de este libro.

Los trabajos de Josephine Hilgard sobre el síndrome del aniversario y las repeticiones

La psicoanalista y médica estadounidense Josephine Hilgard (1906-1989) realizó un trabajo notable y estadísticamente significativo de todas las admisiones en tres hospitales psiquiátricos de California, en todos los casos en los que existían datos fiables de padres e hijos en el mismo hospital.

Demostró que en las psicosis adultas en las mujeres frecuentemente hay una repetición de los mismos síntomas a lo largo de tres generaciones. Por ejemplo, los síntomas se repitieron cuando una niña llegó a la edad en la que su madre había «desaparecido» (murió o fue internada en un psiquiátrico). Y en la tercera generación, la propia hija de esta mujer también mostró los mismos síntomas que su abuela en el momento de su traumática desaparición.

Este estudio, realizado a lo largo de cuatro años, muestra que la correlación es estadísticamente significativa en los casos en los que están implicadas una madre y su hija, y frecuente pero no estadísticamente significativa entre madre e hijo o padre e hijo. La investigación de Hilgard ha demostrado definitivamente la existencia del síndrome del aniversario en la psiquiatría, de madre a hija, es decir, la repetición de los síntomas, como por «contagio» mental o identificación (ver el cuadro siguiente).

	Pérdida del padre	Pérdida de la madre
Muestra	82	65
Coincidencias obtenidas	9	14
Error típico	10,56	7,08
Desviación normal*	2,99	2,57
Probabilidad*	NS	0,32

* Corregido por la continuidad según las tablas
  proporcionadas por Lincoln E. Moses

Los hombres no eran muy numerosos en este grupo. Por lo tanto, no fue posible realizar un trabajo estadístico sobre ellos. La hipótesis de Hilgard es que todo el mundo tiene su punto débil y que los hombres «prefieren» el alcoholismo a la psicosis. Ella fue la que dio el nombre de «síndrome del aniversario» a esta repetición de síntomas graves a la misma edad entre madre e hija. Recordemos que se trata de una separación inmediata y abrupta, y que nada se le habría dicho al niño. Por otra parte, normalmente, no solemos preocuparnos en hablar con los niños en estos casos, más aún en aquella época.

Hay una coincidencia entre la edad de la paciente en el momento de la pérdida de los padres y la edad del hijo mayor de la paciente en el momento de la primera admisión de esta en una institución psiquiátrica (especialmente en casos de mujeres que perdieron a sus madres entre los dos y los quince años).

Podríamos hipotetizar una doble identificación inconsciente: por un lado, del niño que se ha convertido en adulto con su padre o su madre –por eso muestra síntomas–, y por otro, del niño que era en aquel momento con el mayor de sus hijos cuando este alcanza la edad que esa paciente tenía cuando tuvo lugar el trauma de la separación, en este caso de madre a hija.[*]

Tomemos un ejemplo: Lucie tiene cinco años cuando su madre, Denise, es internada a la edad de veintiocho. Al convertirse, por repetición, en madre a los veintitrés años (como su madre), experimentará, por doble identificación, un episodio psicótico cuando su hija Josette alcance la edad de cinco años. Será internada en el mismo hospital que su madre. En otro caso similar, pude «normalizar» a la madre psicótica trabajando en su proyección y consiguiendo que le diesen el alta de la institución en la que estaba internada.

Por otro lado, y por separado, he investigado y encontrado el síndrome del aniversario en muchos casos de cáncer grave y terminal, accidentes de coche, caídas y enfermedades respiratorias, que afectan al área bucofaríngea.

Extrajimos la hipótesis de tareas inconclusas, duelos, pérdidas varias que no fueron «habladas» y por lo tanto no fueron elaboradas y trabajadas en el momento, como si el trauma funcionara como una ola en resaca o una piedra lanzada al agua que hace remolinos y ondas que se van agrandando y alejando, y que alcanzarían a varias generaciones.

Con esta hipótesis, encontramos repeticiones flagrantes y a menudo «liberamos» a las personas del peso de un pasado no digerido que les pertenecía o pertenecía a antepasados más lejanos, que pudimos rastrear, a menudo utilizando un árbol genealógico

---

[*] Me gustaría dar las gracias a mi colega, el profesor Ernest Hilgard (California), quien amablemente me ha dado permiso para reproducir extractos de estos documentos.

marcado con eventos significativos, técnicamente denominado «genosociograma», pero volveremos a hablar de esto más adelante.

He constatado que a menudo el mismo mecanismo de identificación y de «lealtad familiar invisible» estaba operando en pacientes con cáncer, en el caso de accidentes que se remontan a tres o cuatro generaciones... así como con algunas enfermedades de las vías respiratorias superiores: bronquitis, asma o tuberculosis. Por ejemplo, los pacientes pueden «toser y escupir», reproduciendo los síntomas del abuelo gaseado durante la Primera Guerra Mundial en Ypres (22-25 de abril de 1915) o Verdún (1916) hace casi un siglo. Tales síntomas pueden ser un signo de lealtad familiar inconsciente y una señal del síndrome negativo; se presentarán en la fecha o aniversario, y pueden sufrirlos varios hermanos y primos de la misma familia. A menudo se pueden superar sacando a la luz el síndrome y trabajando con las emociones que lo acompañan.

Caso clínico de lealtad familiar invisible: Camille, o cómo «desempolvar el polvo de la tos» y aflojar el «punto de capitoné»

Camille tiene dificultades respiratorias leves y una bronquitis fuerte. Tose todo el tiempo, y la forma en que nos lo cuenta nos hace pensar en una «lealtad familiar invisible» respecto a un trágico evento. Tanto es así que empezamos a hacer suposiciones y a buscar.

Como de costumbre, pruebo con una serie de posibles hipótesis históricas extraídas de mi experiencia con los síntomas postraumáticos de la guerra y otros eventos. A la luz de mi experiencia clínica, esta tos específica podría estar relacionada con:

- El gas de Verdún de la guerra de 1914-1918.
- Los ahogados en Galípoli (Turquía), cuando los soldados aliados, tratando de desembarcar bajo fuego turco, se ahogaron en el mar de Mármara, durante la misma guerra (la

historia se repite, pues en Homero encontramos un pasaje que evoca el mar de Mármara cubierto de sangre de color rojo vino, en el asedio de Troya).

- El ahogamiento de los soldados aliados en la evacuación de Dunkerque en junio de 1940.
- Un golpe de grisú en las minas de carbón, o el polvo de carbón respirado por los mineros subterráneos, o el polvo respirado, por ejemplo, al trabajar la piedra.

Mientras investigamos, Camille llama por teléfono, en nuestra presencia, a la abuela de su padre, que se muestra sorprendida y muy cooperadora, y dice: «Hay polvo de algo». Mientras escucho atentamente, elijo dejar que se haga un silencio muy largo. Luego añade: «Polvo de la tos...».

Vuelvo a dejar un largo silencio y espero a «verlo venir»... Y la tos de Camille se detiene abruptamente, como si algo hubiera hecho clic dentro de ella, su respiración se hace más amplia y luego se libera. Es como si un profundo vínculo se hubiera forjado entre varios eventos dramáticos, entre varias capas de memoria. Como —si se me permite la expresión— una tapicería en punto capitoné; elaborada a base de puntadas que fruncen varias capas de tela (retomando la imagen utilizada por Lacan).[*]

Volvamos sobre las diferentes etapas. Buscamos en el Verdún de 1915, 1916 y 1917. Su abuelo había sido herido dos veces, pero no había sido gaseado, ni tosía o escupía, y no tenía nada anormal en los pulmones, según la abuela. Murió a la edad de setenta años, en 1960. Calculemos rápidamente: setenta años en 1960, diez en

---

[*] N. de la E.: Lacan observó que uno de los problemas que planteaba el lenguaje era descubrir cómo se asociaban los significados al significante, cómo se vincula el perfume y la forma de la rosa, a la palabra rosa. La asociación entre la palabra y lo que designa es más o menos arbitraria, y se produce, según Lacan, gracias a una ilusión, a un «punto de capitoné», un diseño que suele emplearse en tapicería. Se trata de una especie de botón en torno al cual se recoge la tela, que parece absorbida, de manera que el observador tiene la impresión de que la tela surge del botón (como ocurre con el significado y el significante).

1900 y diecisiete en 1917, y por lo tanto la posibilidad de alistarse como voluntario, engañando un poco con su edad. Posible pero improbable; en cualquier caso, todo parecía dudoso.

Luego buscamos en la otra rama de la familia, por parte de su padre, y su abuela nos contó sobre un primo hermano de la madre de su marido, por lo tanto del abuelo de Camille, más un pariente que un ascendiente, que tenía tos. Era menor de edad y trabajaba en el arsenal de Brest.

Este primo enfermó como consecuencia de «un polvo de algo», lo que la abuela llamó «polvo de la tos». Fue esto mismo lo que de repente «hace clic» para Camille, cuya tos se detiene.

También preguntamos sobre el marido de la abuela, es decir, el abuelo paterno, que estaba en la Marina, en un submarino, que fue hundido en Tolón en noviembre de 1942, durante la guerra y la ocupación alemana.

Pongamos este caso en su contexto histórico. Los alemanes ocuparon repentinamente la zona sur, conocida como «libre», de Francia y la flota francesa es hundida el 27 de noviembre de 1942 en Tolón. Este mismo noviembre de 1942 tuvo lugar la victoria de Montgomery en El-Alamein, en el norte de África (batalla del 23 de octubre que finalizaría en noviembre de 1942).

Al mismo tiempo se produjo el desembarco aliado en el norte del continente africano. Como ya se ha indicado, yo elegí trabajar en sesiones largas y preferentemente en grupos reducidos de dos o tres personas durante dos o tres días consecutivos, de modo que cada una de ellas pudiera obtener retroalimentación y analizar sus sueños para usar su inconsciente.

Al día siguiente, Camille, que está trabajando en su historia, tiene un sueño que analizamos juntas. Después recuerda que estaba saliendo con un joven cuyo abuelo estuvo en uno de los dos submarinos que habían logrado escapar al norte de África, y cuyo nombre le viene a la memoria: el *Jean-Bart* (no comprobamos en los registros de la Marina los nombres de los navíos que mencionó).

La psicogenealogía está interesada en varias transmisiones, incluyendo los secretos de familia. Y los secretos familiares, así como los duelos que no se hicieron en su momento, son como bombas de relojería. La visión de la psicogenealogía desactiva la bomba remitiéndose al origen de las cosas, al error, la falta, lo no hablado o no contado, o el drama de las generaciones anteriores, a menudo hace decenas o cientos de años, lo que «desliga» a los vivos que no han sido más que víctimas. Así pueden establecerse relaciones menos agresivas, exigentes o difíciles con las generaciones en contacto, con padres o abuelos.

Huellas históricas: el caso de Kosovo

Las lealtades invisibles y la transmisión transgeneracional de un trauma también están a menudo relacionadas con eventos históricos concretos. Incluyen desastres naturales, plagas, guerras, conflictos religiosos, desarraigo, asesinatos o desplazamientos de poblaciones de varios grupos étnicos, por ejemplo a través de Europa central: griegos, armenios, eslavos, eslovenos y las víctimas de las batallas en la antigua Yugoslavia, incluyendo Kosovo.

El caso del trauma repetitivo en Kosovo revela también la complejidad repetitiva de pérdidas no elaboradas, de duelos no realizados, de tareas sin terminar entre los pueblos, con la pérdida, la muerte y el trauma que siguen repitiéndose allí desde 1389, es decir, desde hace más de seiscientos años.

Cabe señalar que la psicogenealogía está interesada en todas las transmisiones, y por lo tanto también en la de los eventos históricos. Y la historia específica de Kosovo (1389) ilustra la repetición de acontecimientos históricos en fechas de aniversario.

La primera guerra mundial fue desencadenada por el asesinato político del archiduque Francisco Fernando, heredero del trono del Imperio austro-húngaro, por un activista serbio, Gavrilo

Princip, el 28 de junio de 1914 en Sarajevo. La visita del príncipe fue percibida como una intrusión en el territorio y «otra humillación para Serbia». Debido a las alianzas, su asesinato fue la causa de la guerra y de sus millones de muertes, así como de una paz renqueante, el deseo de venganza de Hitler, el desempleo mundial y, por lo tanto, la guerra de 1939-1945.

La fecha del 28 de junio es muy significativa. Es el aniversario de la famosa batalla de Kosovo de 1389, con un resultado incierto, en la que los serbios fueron derrotados por los otomanos y los líderes de ambos bandos murieron, incluido el líder serbio, el príncipe Lazar, que ha sido canonizado. El recuerdo de esta derrota se ha revivido muchas veces desde entonces. Como ocurrió recientemente —y los asesinatos se han repetido— por parte del antiguo líder serbio, Slobodan Milosevic. El 28 de junio de 1989 —el 600º aniversario de la famosa batalla de 1389— inauguró un nuevo monumento en Kosovo e hizo una declaración ante una enorme multitud, recordando a los serbios el asesinato del (santo) príncipe Lazar en el mismo lugar donde se encontraba y el lema de este: *El avance otomano será detenido.* «¡Nunca más! —proclamó Milosevic a la multitud— Serbia volverá a ser esclavizada». El simbolismo no podía ser más fuerte, porque Milosevic hizo su declaración frente al monumento erigido para conservar las reliquias del príncipe Lazar canonizado, reliquias que él había repatriado.

Poco después comenzó la masacre de musulmanes, luego de cristianos en venganza, y la guerra de Kosovo. Batallas y masacres se extendieron por toda la antigua Yugoslavia.

Desde el punto de vista de la psicogenealogía, esto es un claro ejemplo de la transmisión de los traumas que no se han abordado y que han permanecido abiertos durante siglos.

Este es un caso evidente de asuntos pendientes y de traumas no resueltos, de duelos no realizados. Se ha producido un retorno de las tragedias de hace más de seiscientos años al mismo lugar —Kosovo Polje— un «lugar santo de la memoria» y de un duelo nunca antes hecho de la grandeza serbia, un lugar de antiguas carnicerías.[1]

Divisiones históricas

También son significativos otros legados históricos: en muchas culturas existen divisiones políticas de las que algunos países nunca se han recuperado, acontecimientos que han marcado a generaciones. En Francia, la guillotina y sus abusos, el hecho de que Luis XVI hubiera sido guillotinado por mayoría de votos, votando a mano alzada, a pesar de que la República había sido proclamada solo por tres votos, es un ejemplo de esto.

En Gran Bretaña, la división tuvo lugar de la mano de Cromwell. Estados Unidos, por otro lado, no se ha recuperado de la guerra de Secesión ni de los dramas de la esclavitud.

El síndrome del aniversario y la lealtad invisible son conceptos importantes porque permiten entender que los males que se padecen son a menudo solo una identificación con un pasado inacabado, y que si uno puede enterrar el pasado, llorarlo, «reparar» las pérdidas —al menos simbólicamente—, entonces se puede comenzar de nuevo la vida y no repetir el trauma durante generaciones.

En algunos casos, algunas psicosis pueden incluso superarse «comprendiendo» emocional y físicamente que se trata de una «identificación», un síndrome del aniversario; que los síntomas pertenecen a otros. Entonces es como si finalmente pudiéramos soltar las pesadas maletas con las que hemos estado cargando.

CAPÍTULO IV

De la importancia de terminar lo que se ha comenzado: el efecto Zeigarnik

Los duelos no elaborados

Los asuntos pendientes —duelos no realizados, pérdidas y traumas varios no elaborados— permanecen en la memoria, «trabajando» y, en cierta manera, se «rumian» durante mucho tiempo, a menudo de por vida, y a veces incluso se transmiten de generación en generación.

Es importante acabar una tarea, porque nuestro organismo tiende a cerrar cualquier *gestalt*, cualquier trabajo iniciado y no terminado —ese es el efecto Zeigarnik—, al igual que no te puedes quedar en una «respiración sin llegar al final, sin llegar a espirar», igual que se necesita finalizar una frase empezada aunque el interlocutor diga: «Ya lo sé». Es una necesidad humana normal.

Mientras la tarea siga inacabada, habrá tensión interior y no se estará disponible para nada más. De repente, se le da vueltas al pasado, y a lo que podrías haber hecho o dicho, para que las cosas hubieran sucedido de otro modo.

Completar el trabajo permite «pasar página», abrir puertas al presente y al futuro con el fin de estar disponibles para otra cosa.

Completar una tarea inconclusa significa volver sobre ella, para cerrar la relación con la persona amada, temida u odiada, esté esta persona viva o haya muerto hace varios siglos.

Cierre a través del psicodrama

El psicodrama o los juegos de rol terapéuticos o pedagógicos permiten este cierre. Se le puede proponer a una persona que «juegue» (que escenifique) una realidad excedente,[*] es decir, se trata de escenificar la situación para cerrarla de manera diferente, mientras se tiene una experiencia cinética, afectiva y física de ella.

Su propósito no es compensar los malos momentos de nuestra vida sino permitir experimentar interacciones en una realidad psicodramática interactiva, para cerrar una situación, una tensión o una relación de manera más satisfactoria.

Este juego de rol terapéutico permite por ejemplo ejercer de buena madre de una persona huérfana, demostrarle todo su cariño, siempre psicodramáticamente hablando pero viviéndolo físicamente. También ofrece la oportunidad de confesarse con alguien o bien despedirse de un padre o una madre moribundos si no se ha tenido ocasión de hacerlo.

Realidad excedente y proyección en el futuro

La realidad excedente es diferente de la proyección en el futuro.

En la realidad excedente, lo que está en juego nunca ha existido y corresponde a lo que podría haberse hecho de manera diferente

---

[*] N. de la E.: El psicodrama permite al protagonista construir un puente más allá de los papeles que juega en su existencia cotidiana, superar y trascender la realidad de la vida tal como la vive. En Psicodrama, la espontaneidad y la creatividad de director, protagonista y grupo hacen posible cualquier cosa. La imaginación humana fluye libremente y el grupo puede crear cualquier relación o cualquier situación. La realidad excedente «es un mundo que nunca pudo haber sido ni puede ser, pero es absolutamente real».

en el pasado. Es una especie de «reparación psicodramática», y también corporal, porque se vive en el cuerpo, los músculos y el corazón del sujeto que está trabajando.

Proyectarse en el futuro consiste más bien en prepararse para lo que aún no ha sucedido y debería o podría suceder. Como, por ejemplo, buscar una situación, profesional o personal, o imaginarse «viviendo una situación», casado con la persona con la que se está «saliendo» y luego «viviendo» diferentes realidades, lo que permite ser consciente y tener una visión más realista de los propios deseos y de los del otro (o la idea que uno se hace) y de las posibilidades e incompatibilidades difíciles o trágicas.[*]

Los trabajos de Bluma Zeigarnik con Kurt Lewin y el llamado efecto Zeigarnik

Antes de trabajar en la «dinámica de grupo» en Estados Unidos, el psicólogo Kurt Lewin había trabajado en el Instituto de Psicología de Berlín, influido por la escuela de Teoría Gestalt. En 1928, bajo la supervisión de Lewin, la rusa Bluma Zeigarnik, entonces estudiante, abordó el tema de las tareas completadas, interrumpidas e inacabadas (en 1980 todavía vivía en Moscú).

Demostró que las tareas inacabadas o interrumpidas se recuerdan mejor que las tareas completadas, ya que permanecen en la mente y en la memoria, a menudo durante mucho tiempo; «rumiamos» sobre la tarea inacabada y lo que podríamos haber hecho o dicho de forma diferente en el momento de los hechos.

Por el contrario, las tareas completadas son como «archivos» en la memoria y pueden ser olvidadas en la vida cotidiana, permitiéndonos pasar página y seguir adelante.

Mis colegas y yo utilizamos los hallazgos del efecto Zeigarnik para trabajar con personas con cáncer y otras enfermedades, o

---

[*] *Before going to Reno, go to Moreno*, que se traduciría como 'antes de ir a Reno (implícito: divorciarse y luego volver a casarse), ve a Moreno (implícito: ver en el psicodrama lo que podría llegar a ser, antes de comprometerse)'.

atrapadas en *situaciones vitales «congeladas» o «paralizadas»*, cuando su vida se detiene y se estanca en un *duelo interminable* (Freud) después de una pérdida o un trauma (Lewin).

Hemos trazado la curva de las etapas del duelo de Elisabeth Kübler-Ross para permitir que cada individuo se sitúe en este proceso, comprenda dónde se ha quedado atascado y vuelva a retomar el trabajo que queda por hacer.

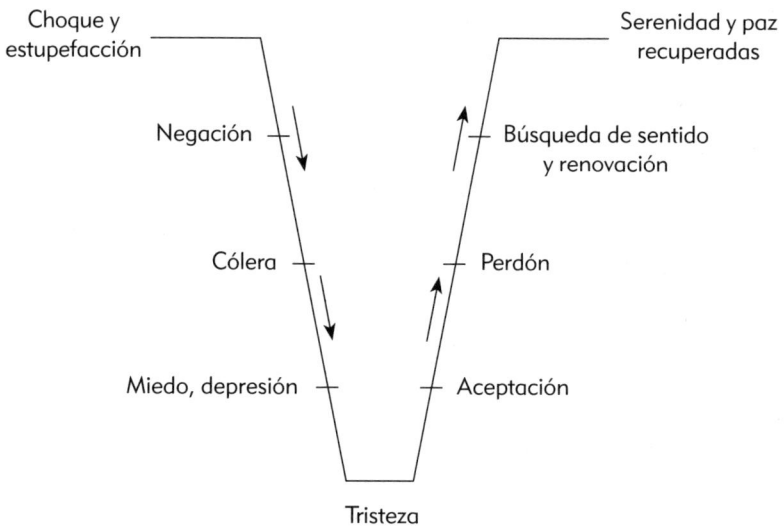

Choque y
estupefacción

Serenidad y paz
recuperadas

Negación

Búsqueda de sentido
y renovación

Cólera

Perdón

Miedo, depresión

Aceptación

Tristeza

Curva de las etapas del duelo
(inspirada en la obra de E. Kübler-Ross)

Usamos el efecto Zeigarnik para entender y para abordar como trabajo de duelo inacabado las presiones actuales o pasadas en la vida de un individuo, incluyendo traumas personales, familiares o profesionales. El objetivo de este trabajo es ayudar a esas personas a sanar las heridas abiertas y los traumas del pasado que causan una «rumia» constante: pensamientos sobre lo que no se ha dicho, lo que no se ha «gritado», ni «llorado», ni incluso «sentido», y por ello tampoco se ha «elaborado». Los traumas en algunos casos pueden incluso provocar la escisión del yo, es decir de la persona: un yo reconoce el origen del sufrimiento y otro yo lo obvia.

La herida causada por la injusticia puede entonces sentirse y expresarse, y el dolor del trauma finalmente ser reconocido, escuchado, asumido, apoyado y «contenido». Esta tarea inacabada puede incluir, como mostramos en 2005 en *Sortir du deuil* [*Salir del luto*], casos de abuso sexual, guerra y limpieza étnica, así como duelos inacabados y pérdidas diversas.

Estas penas, preocupaciones, dolores y dramas, así como la sed de venganza o la demanda de una disculpa o una reparación por daños pueden impedir que las víctimas traumatizadas encuentren la paz, incapaces como están de relajarse y centrarse en su curación. En lugar de ello, permanecen literalmente bloqueadas, como «atrapadas» en el pasado, «cavilando» en el dolor, en lugar de ser capaces de «soltar» y vivir sus vidas.

Realizar la conexión entre las tareas inconclusas y el duelo permite que por fin estas personas puedan empezar a trabajar en sus problemas de salud, su falta de energía o sus actuales dificultades de vida, aquí y ahora, para centrarse en sí mismas y en su futuro y sanar en la medida de lo posible.

Los clientes/pacientes que reciben esta ayuda a menudo se sienten mejor: su respiración se vuelve más profunda, su tez más luminosa y su cuerpo se endereza. La vida finalmente sigue su curso y muchos de ellos se curan completamente.

El efecto Zeigarnik puede aplicarse a todas las «tareas inacabadas», incluidas las heredadas de generaciones anteriores, como los secretos familiares (incesto, duelo, asesinatos, violaciones, etc.), las muertes trágicas o los «inimaginables» e inenarrables traumas de guerra para los que el duelo fue imposible.

Debido a que a menudo se relacionan con tales traumas previos, examinamos los patrones transgeneracionales en el caso de traumas y enfermedades psicosomáticas y somatopsíquicas. Los «asuntos pendientes» pueden estar marcados por eventos y enfermedades físicas o mentales que se repiten de generación en generación, de acuerdo con el hallazgo de la teoría de la Gestalt: los asuntos pendientes deben ser cerrados.

El efecto Zeigarnik de la interrupción —llamado *unfinished Gestalten* por las escuelas Gestalt de filosofía y psicoterapia— describe las emociones y los traumas que se «rumian» y se pasan de un estómago a otro (en el sentido de «darle vueltas») y se repiten hasta que se «digieren» completamente, pues su significado profundo ha de ver la luz.[1]

CAPÍTULO V

Lo que no se expresa en palabras se graba y se expresa en dolores: el lenguaje del cuerpo o hablar sin decir...

D e hecho, hay dos formas de expresarse de manera diferente.

Expresarse indirectamente a través del lenguaje corporal

«Hablar para no decir nada» y «expresar lo contrario a lo que se dice» a través del cuerpo: cuando los labios están en silencio, el cuerpo se expresa a través de las manos o los dolores, mostrando los males que no se pueden poner en palabras o de los que no podemos o no sabemos hablar. Experiencia corpórea, memoria del cuerpo, lenguaje corporal, expresión visible, pero por otra parte a menudo tácita, imperativa y confusa (a veces con la prohibición de una expresión verbal clara).

El ventrílocuo y el fantasma

Como se mencionó en el capítulo dos, Nicolás Abraham y Marie Török propusieron el ejemplo del *ventrílocuo* y la teoría del *fantasma* porque notaron que en la transmisión transgeneracional es como si hubiera un fantasma encerrado en una tumba o una cripta ubicada en el fuero interno de un descendiente. Este fantasma es una «creación del inconsciente que nunca ha sido consciente y que ha pasado del inconsciente de un padre al inconsciente de su hijo o nieto, o quizás incluso a otros parientes lejanos».

¿Cómo funciona este proceso? Se han propuesto numerosas hipótesis, que van del coinconsciente de la relación madre/hijo hasta las ondas morfogénicas[1] a través de los *coinconscientes familiar y grupal* de J. L. Moreno.

¿Cómo se transmiten los secretos de familia? Desde fuera, puede parecer sencillo, pero no lo es. El tema del que está «prohibido hablar» puede ser comunicado indirectamente, por medio de un ceño fruncido o una interrupción del contacto visual entre el padre y el hijo cuando se mencionan ciertos temas, ciertas fechas, ciertos nombres, ciertos períodos históricos o ciertas regiones.

También puede ser comunicado por una tensión o un silencio particular, vinculado a ciertas fotografías en un álbum familiar, videos, programas de televisión o películas caseras.

Estos comportamientos llevan al niño a aprender que ciertos temas, lugares, personas, pensamientos, emociones o acciones están «prohibidos», son peligrosos y nunca deben discutirse.

Sin embargo, este proceso puede no ser tan simple como parece a primera vista, porque los comportamientos entre padres e hijos en la comunicación y la respuesta a «temas de conversación prohibidos» pueden no ser controlados conscientemente por los padres ni percibidos conscientemente por el hijo. Sin embargo, el padre puede seguir transmitiendo estos «temas prohibidos» y el niño puede recordarlos inconscientemente.

Expresar indirectamente para no «quedar expuesto»: dar a entender sin decir

Tomemos un ejemplo positivo de «dar a entender» y de demanda indirecta, ofrecido por Jean-François Deniau en uno de sus libros.

Su madre le pregunta, como si nada, si no podría irse de un saltito a Inglaterra para llevarle a su hermana un paquete que contiene un tarrito de mermelada y calcetines. No dice nada más y no menciona el hecho de que los lazos con su hija se han roto. Sin hacer ningún comentario, él se lleva el paquete.

En Oxford, llama al timbre de su hermana con flores y una gran sonrisa. En el transcurso de la conversación, le entrega el paquete. La hermana enviará una nota a su madre dándole las gracias. Las relaciones se reanudarán como si nada hubiera sucedido, sin que nadie hable del pasado, las tensiones o los problemas.

La vida familiar normal continúa como siempre, sin que se diga nada. Los lazos se reparan, nadie ha quedado expuesto ni se han mencionado cosas desagradables, nadie se ha disculpado, no se removió lo que estaba oculto, no se airearon los trapos sucios. Además, ¿quién habría dicho algo? Nada desagradable sucedió ni se mencionó. El honor está a salvo, como lo está el orgullo de todos.

En esta familia, a menudo utilizan el «echar balones fuera» para renovar las relaciones. Es otra forma de resolver las tensiones sin abordarlas... una manera sostenible de mantenerlas reguladas.

Cito esta historia de memoria, ya que siempre me han gustado los libros de Deniau, su coraje, su espíritu emprendedor y de exploración, y su elegancia.

Debe notarse que, en su novela *El instinto de la felicidad* (1934), André Maurois contaba una historia en la que la evitación consensuada de un tema delicado (el niño adulterino amado como propio por el padre legal) era la clave de la paz familiar. Todo el mundo conoce por un tercero que el otro lo sabe y que no se habla de ello: el acuerdo, vital para el honor de la madre y del «padre», es tácito.

El doble vínculo

En *Kinesics and Context*, Ray Birdwhistell mostró ejemplos filmados de la relación de *«double bind»* (doble vínculo) entre la madre y el bebé, creando un doble mensaje, contradictorio e imperativo, un repliegue o una estupefacción en el niño, que se encuentra a menudo en las familias psicóticas o psicógenas.

En el doble vínculo, las cosas no se dicen, las instrucciones son confusas y contradictorias, y se prohíbe hablar. Al niño se le dan dos órdenes contradictorias. Esto sucede entre padres e hijos, pero también entre adultos y en empresas.

Todo el mundo sabe que no tenemos derecho a hablar entre nosotros sobre lo que sabemos que está mal. Y todo esto deja un sentimiento de inquietud, de vergüenza, de confusión, del que tampoco se nos permite hablar. Pienso en el clásico caso del doble vínculo, el de una madre que regala a su hijo dos camisas por su cumpleaños. Al día siguiente, el hijo se pone una de las dos camisas (la azul) y la madre le dice que el hijo no la quiere porque no se ha puesto la otra (la verde). Cuando se pone la verde, la madre se queja de que no la quiere porque no se puso la azul. Y cuando el hijo se las pone una encima de la otra, la madre grita: «Mi hijo está loco».

Otra situación clásica de doble vínculo: un niño llega a casa de la escuela y va a besar a su madre, ella lo aparta, se toca el pelo y exclama: «¡Mi peinado!». Él se va, con la cabeza gacha, y ella grita: «¡No me quieres!». El niño se siente avergonzado y no sabe qué hacer. Si la besa, le estropea el peinado. Si no lo hace, no la quiere. Haga lo que haga, se equivoca, y además no tiene derecho a señalarle las contradicciones a su madre. Queda, por lo tanto, atado, reducido a la impotencia y encerrado en sí mismo.

Esta situación se describe en estudios filmados de familias de esquizofrénicos, en particular estudios de la llamada Escuela de Palo Alto,[*] en 1959, reunidos en torno a Gregory Bateson, y en los

---

[*] N. de la E.: La Escuela de Palo Alto tiene sus orígenes en la pequeña ciudad del mismo nombre, situada muy cerca del sur de San Francisco, en esta ciudad, Don D. Jackson,

mencionados estudios de Birdwhistel ilustrados con una selección de secuencias cinematográficas relacionadas con el tema.

Según Harold Searles, esto también ocurre en el mundo corporativo, con un líder perverso como el de *L'Effort pour rendre l'autre fou* (El esfuerzo por volver loco al otro).[2]

¿Qué es un psicodrama?

Veamos otro ejemplo clínico de transmisión impulsada por una fuerza interior: el psicodrama de los «zapatos».

Pero primero recordemos algunas cuestiones teóricas y técnicas del juego de roles terapéutico o psicodrama, es decir, juego de roles psicodramático, situacional.

El objetivo es recrear una situación problemática del pasado, presente o futuro, hacerla presente y trabajar sobre ella, tratando de resolverla, reproduciéndola en interacción y utilizando diversas técnicas.

Un pequeño grupo de unas quince personas, normalmente adultos que ya están inmersos en la vida profesional o que están entrando en ella, se reúnen con un formador para hacer un trabajo personal sobre ellos mismos. Para empezar, los miembros del grupo se sientan de manera que todos puedan ver a todos los demás al mismo tiempo. El grupo se reúne una vez cada semana, o una vez al mes durante tres días.

En nuestro caso, se trata de una reunión mensual, en un seminario de fin de semana, con una gran sesión los sábados hasta las diez de la noche, interrumpida por un largo descanso para el

---

psiquiatra, decidió fundar el Mental Research Institute en 1959. Paul Watzlawickse incorporó en 1962. Cuando ambos comenzaron a investigar acerca de la esquizofrenia y diversas patologías relacionadas con la comunicación, terminaron por elaborar una teoría de la comunicación interpersonal que tuvo gran relevancia en los años sesenta y setenta. La principal aportación de la corriente es el concepto de comunicación como un proceso permanente y multidimensional, un conjunto integrado, que no se puede comprender sin el contexto determinado en el que sucede el acto comunicativo, como «la matriz en la se encajan todas las actividades humanas».

almuerzo. Si todos se hospedan en un hotel las comidas se hacen en grupo.

Voluntariamente se dedican dos noches durante el seminario a, si fuera posible, contar y analizar los sueños, así como informar al grupo de las emociones del día o la noche anterior.

Un formador especializado, llamado psicodramatista, anima o dirige el grupo.

El sujeto que está trabajando se denomina *ego principal* o *protagonista* (según la terminología del teatro griego clásico: el que lleva los problemas de la ciudad, el actor principal).

El psicodramatista es ayudado por asistentes: los *egos auxiliares*, profesionales o elegidos de entre el grupo, o voluntarios que se ofrezcan a ayudar (deben ser aceptados por el psicodramatista).

El lugar de celebración es una sala de seminarios, normalmente alquilada en un hotel o asociación. En este caso, se trataba de una sala de trabajo multiusos, a menudo utilizada para clases de yoga y que disponía de esterillas y cojines (y un asiento para el formador). Para sentarse en el suelo cómodamente, los participantes, tanto hombres como mujeres, se quitaron los zapatos y usaron los cojines para apoyarse en tres paredes, mientras que la cuarta constituía el espacio de juego escénico, o escena psicodramática, delineada claramente.

Para hacer suya y humanizar la habitación, el psicodramatista se había ofrecido a traer una ligera cesta de mimbre con lo necesario para trabajar mejor: un reloj de pared para que la hora fuera visible para todos, una tetera y algunas tazas de bonita porcelana (en este caso traídas de su casa por una participante), té y café de buena calidad, un hervidor eléctrico, una estola y un suéter grande por si alguien tenía frío, telas grandes para esconder los carteles de las paredes del lugar, así como corchos y murales de papel para colgar en la pared en los que luego guardar alguna información de una sesión a otra. Los participantes siempre trajeron algo para las «pequeñas pausas», como fruta fresca, galletas y chocolate... porque este trabajo a menudo provoca «pequeños antojos» y picar algo en el lugar durante intervalos cortos interrumpe menos la dinámica de la clase que salir a tomar un café, aunque lo uno no quita lo otro, en según qué momentos.

Recordemos que ponerse de pie para jugar moviliza el cuerpo y la memoria cinética de una manera diferente a la de hablar de lo que sentimos.

Cuidado, porque *vivirlo* como real es muy diferente de *simular* y hablar de la acción de pie de manera distante. Algunas sesiones de psicoterapia o historias de vida han sido comparadas por un escritor a la «visita al museo» narrada de manera no vivida corporalmente, es decir, sin implicación.[*]

Se podría decir que el psicodrama de grupo funciona como un dispositivo de tres elementos:

- El protagonista, que va a trabajar algún punto de su mundo interior por medio de la representación.
- El grupo de participantes: están atentos al protagonista, coactivos implicándose con su presencia, su historia personal, su vida psíquica, así como con su participación como egos auxiliares, y con los ecos emocionales personales que ofrecerán al final de la representación.
- Y por último, el *psicodramatista*, a la vez estricto respecto al desarrollo preciso y justo del proceso —pero no estricto en el sentido de Carl Rogers— y silencioso, en un segundo plano, como en una «escucha flotante»: una doble función como director (activo, director, líder) y psicoanalista (escucha activa).

---

[*] No es mi propósito aquí desarrollar los matices y las técnicas de preparación (*puesta en marcha*) del juego psicodramático, ni la importancia de los ecos afectivos personales del grupo y del *desrolaje* del rol desempeñado, sino solo dar un ejemplo clínico de mi trabajo, y de la importancia de la «presencia en el momento», de la «*ecceité*» (del latín *ecce*, 'aquí está'). Ver A. Ancelin Schützenberger, *Le Psychodrame: théorie et practique*, nueva edición, París, Payot, col. «Petite Bibliothèque Payot», 2008.

El psicodrama de los zapatos, o la transmisión imposible

El psicodrama que se narra a continuación muestra cómo la articulación fluida de estos tres elementos permite la exploración transgeneracional de un problema en el presente, para así comprender un «nudo» familiar y deshacerlo.

Esto sucede una mañana de noviembre, en el grupo de psicodrama a largo plazo que yo facilito.

La protagonista, llamémosla Clémence,[3] es una mujer de unos cuarenta años, cómoda en su vida familiar y profesional. Está casada y tiene tres hijos. Se lleva bien con la mayoría de las personas del grupo. Sin embargo, todavía se ve obstaculizada en la realización activa de sus proyectos por algo que no puede identificar.

En las sesiones anteriores, ha hablado de la dificultad de la relación con su padre y del rencor contra él de todos sus hermanos por haberse «negado» a transmitir sus conocimientos, entre ellos los de carpintería. Evoca a sus hermanos, sin mencionar el hecho de que todas son chicas y que una de ellas, de la que nunca se habla, murió cuando era adolescente.

Esa mañana, Clémence empieza a expresar su deseo de trabajar con la madera, temblando con una especie de rabia indefensa y confusa que parece bastante desproporcionada para el tema en cuestión.

Se detiene un momento y luego concluye:

—Vaya, así que se trata de la transmisión..., de una *transmisión imposible*... —Y se queda en silencio, como incapaz de ir más lejos.

—Ven a interpretarlo —le pido

En la sala, el grupo se dispone en forma de U sobre los asientos o cojines en el suelo, la zona de representación está situada delante del grupo y a los lados se acumulan objetos diversos (bolsas, ropa, zapatos, etc.).

Clémence se pone de pie, repasa con su mirada a las personas atentas instaladas a su alrededor, rechaza con la cabeza al tratar de elegir a una u otra para desempeñar el papel de ego auxiliar, va a la pila de objetos, y luego, rápidamente, con un gesto decidido, agarra un zapato, lo planta en medio del escenario vacío y anuncia:

—Ahí está, Ferdinand, llamado «el Justo». Es mi tatarabuelo. Es carpintero en N... un pueblo de montaña.

El zapato es ancho, sólido (es un zapato de hombre); la punta está orientada hacia la ventana.

—Es un hombre justo, respetado, bien establecido. Su oficio es el de carpintero.

Luego toma otro zapato, lo pone detrás del primero, en la misma dirección, y dice:

—Este es Ferdinand, su padre, también carpintero.

Antes de él, otros hombres de la familia han sido carpinteros, ebanistas, todos han trabajado la madera.

—Y luego, después...

La manera de hablar de Clémence se acelera y va a buscar zapatos en la sala grande, los recoge, los pone uno detrás de otro, en cualquier dirección, solo se preocupa de nombrarlos por su nombre.

—Ahí está Leopold, el hijo de Ferdinand el Justo; su padre lo considera un inútil, lo echa a patadas, lo echa de casa. Así que Leopold se marcha a Argentina, solo. Se va lejos. Tiene diecisiete años. —Clémence murmura—: ¡Fuera! ¡Maldito seas! ¡Vete al infierno! ¡Que la peste se te lleve!

Su ritmo se acelera, se queda sin aliento... y luego vuelve a empezar, como con una rabia interior:

—Ahí está su hijo, Leopold el Joven, mi abuelo, quien lo ha perdido todo: su dinero, su esposa, su voz, el uso de su brazo derecho. Ahí, mi padre, Ferdinand; él recuperó los cepillos de Ferdinand el Justo, su bisabuelo. Es su tesoro; aprendió por sí mismo, sin consejos, sin ayuda sobre cómo usarlos y no se los presta a nadie.

Intervengo para decir:

—Ponle un cartel distintivo al que se va (Leopold yendo al fin del mundo a la edad de diecisiete años, de quien no sabemos y no sabremos lo que hizo para merecer el «destierro», o lo que pasó).

Clémence toma un libro rojo y pone encima el zapato que es Leopold:

—Es el barco que lo lleva lejos de su casa; además, tardará veinticinco años en volver, y será considerado desertor por haberse escapado del reclutamiento obligatorio. Allí estoy yo, que no puedo hacer nada, a quien mi padre se niega a transmitir nada, ninguno de sus conocimientos.

Añade unos cuantos zapatos que serían las mujeres; entonces se detiene.

Una vez establecido este «árbol genealógico», intervengo de nuevo y le propongo a Clémence que escoja entre el grupo a los egos auxiliares que quiere que desempeñen el papel de tal o cual personaje (representado por uno de los zapatos).

A esto le sigue un tiempo de intercambio y expresión de sentimientos: diálogos que se entablan, la rabia por un exilio, por un olvido, por una imposibilidad que permanece en silencio, con personas amuralladas tras montañas de hielo cuando la corteza de la tierra está cubierta de rocas.

Los diálogos bullen y nos enteramos de que el abuelo, cada vez que intentaba no enfadarse con la familia, se murmuraba a sí mismo la misma frase: «¡Fuera! ¡Maldito seas! ¡Vete al infierno! ¡Que la peste se te lleve!».

El grupo está muy presente, concentrado, atento, la emoción está ahí. Unos y otros se van levantando, vienen a dar voz (hablando por ellos) a los zapatos que apuntan en su dirección, fantasmas carnales (humanizados) del pasado muerto, pero siempre presentes en segundo plano.

Se pronuncian palabras, que siguen flotando.

Luego calma, silencio.

Clémence mira los zapatos alineados, todos los presentes miran con ella.

Parece que todos los zapatos que componen este árbol genealógico familiar —el itinerario del linaje paterno de Clémence, a partir del que instaló en el «transatlántico» (simbolizado por un libro rojo)— se vuelven hacia el pasado, con el talón hacia la ventana.

¿Qué puede decirse?

Una vez más. La representación continúa.

Los zapatos giran lentamente a la derecha de nuevo, al mundo exterior.

Entonces recuerdo que le señalé a Clémence, que llegó tarde esa mañana, que se había puesto su suéter al revés. Clémence mira, lo constata y, con una gran risotada, le da la vuelta.

¡Pero bueno! Sonríen algunos del círculo... Pues el suéter al revés sería coherente con los zapatos que han girado.

El grupo está atento a la historia.

Más tarde aprenderemos que la frase repetitiva murmurada («¡Fuera! ¡Maldito seas! ¡Vete al infierno! ¡Que la peste se te lleve!») tiene un terrible significado y connotación, pues el pobre Leopold, expulsado de su casa por su padre a los diecisiete años de edad y enviado al infierno, es decir, al otro extremo del mundo, estuvo a punto de morir al llegar a Argentina, del *vómito negro*, una especie de tifus.

Seguimos sin conocer el error de juventud, escándalo o crimen que habría provocado que fuera rechazado, maldecido y desterrado... Tal vez un amorío con una mujer casada. Todo ello sucedió en la montaña, en 1873, en el hogar de gentes rigurosas y rudas. Pero esa es otra historia.

Este rechazo, esta expulsión de la familia casi actuó como una verdadera maldición, fuerte, definitiva, mortal. Habría provocado una «ira santa» durante la cual «todo se ve rojo». Se parece a la maldición histórica de Catón: *Cartago delenda est* ('Cartago será destruida'; hablaremos de esto más adelante).

Además, no está claro por qué el suéter es negro.

¿Podría tener algo que ver con la historia familiar tácita sobre una hermana adolescente, que murió alrededor de los diecisiete años, y de la que nunca se habla?

Hará falta otra sesión para aclarar y confirmar este punto, que le parece obvio, de la hermana-desterrada-de-las-conversaciones –la emoción oculta familiar en el silencio no hablado de varios años– y de la relación con la edad de salida del nido familiar de los adolescentes que se hacen mayores.

Tampoco se ha preguntado nadie si existe una relación entre la no transmisión a las hijas de las habilidades del trabajo de ebanistería (generalmente masculina) sobreentendiendo una rabia reprimida e indirecta por tener «únicamente hijas», y el enviar a alguien lejos para asegurarse la imposibilidad de hablar y transmitir (con la dramática historia de Leopoldo el desterrado).

La ira vendría entonces de este «vínculo» entre la disputa, la separación y la maldición que impediría una transmisión fluida entre generaciones.

Esta *transmisión imposible* podría no ser más que una cristalización simbólica de toda una transmisión que no tuvo lugar entre el padre y el hijo, originalmente. Una expulsión del hogar que ha sonado como una maldición.

En general, desde el punto de vista de la psicogenealogía y trabajando con lo transgeneracional, no se va más deprisa de lo que el sujeto puede asimilar e integrar, y por lo tanto solo se trata un punto importante por reunión o sesión.

Cada día conlleva su propia dificultad.

Así que será más tarde, durante otras sesiones, cuando todo esto podrá ser reelaborado y aclarado.

Delenda

Veamos la magnitud del efecto de ciertas cóleras «homéricas» que parecen cambiar linajes (al menos en el área de Cartago).

Si un hombre se enfada con el nacimiento de otra hija —en un linaje únicamente de chicas—, si experimenta una *ira homérica* y llama Delenda («será destruida») a la recién nacida, generalmente ignorando el latín y el significado de la palabra, a la niña no le sucederá nada especial. Pero entonces tiene lugar una especie de parón en el linaje de niñas y ella dará a luz a uno o más niños.

Colegas tunecinos, psiquiatras y antropólogos, y yo misma, hemos escuchado esto y hemos conocido a varias mujeres llamadas Delenda, con la misma historia familiar, en el Magreb.

Ondas morfogénicas de Sheldrake

Hay transmisión, obviamente, pero ¿cómo? ¿Cómo funciona la memoria personal y familiar? ¿A través de qué canales y por qué medios se realiza la transmisión? Se están llevando a cabo serias investigaciones sobre estas cuestiones, pero todavía es prematuro sacar conclusiones al respecto.

Recordemos (ver el capítulo dos) que un investigador inglés original y multidisciplinario, Rupert Sheldrake, denominó «ondas morfogénicas» a aquellas ondas energéticas, vibratorias o de otro tipo que unen a parientes cercanos, humanos o animales, con la ayuda de receptores arcaicos. Destacó el fenómeno en dos películas sobre la relación de un perro con su amo y de un loro con su dueña.[4]

Sheldrake filmó a un loro increíble que no solo anunciaba (desde otra habitación) las fotos vistas al azar por su dueña, sino que le advertía de un posible peligro (cuidado con la cabeza).

La investigación de Jean-Pol Tassin

Volvamos a la investigación científica propiamente dicha. El profesor Jean-Pol Tassin, neurobiólogo y especialista en el funcionamiento de la memoria en el Inserm y en el Collège de France (París), mostró en 2002 que ciertos tipos de transmisión de información interpersonal se producen en milisegundos, y por lo tanto no son conscientes.

Tassin señaló que algunos datos –por ejemplo, el recuerdo de un evento traumático– pueden ser almacenados en la memoria no en modo «cognitivo» lento y consciente, sino en un modo intuitivo que funciona en milisegundos, más allá de la percepción consciente.[*]

Así es como empezamos a entender la base neurobiológica de la noción de *transmisión inconsciente*, cuya información es comunicada sin que ninguna de las dos personas sea consciente de los hechos ni de que los traumas o *temas prohibidos* podrían ser indirecta pero perceptiblemente incluidos, insertados, en la comunicación.

Las neuronas espejo

Tengamos en cuenta que todo esto se explica por la investigación de vanguardia en neurociencia, que actualmente se interesa por el funcionamiento de neuronas muy específicas descubiertas a principios de los años noventa por Giacomo Rizzolatti y su equipo: las neuronas espejo.[5] Estas neuronas nos permiten captar la intencionalidad de un gesto que aún no se ha completado. Es decir, gracias a ellas tenemos una comprensión inmediata del significado de la acción de los demás, sin pasar por los circuitos del razonamiento. Esto es lo que solemos llamar «intuición», «empatía» y «don».

Las neuronas espejo se activan cuando realizamos una acción nosotros mismos o cuando vemos que esa acción es realizada por otros. Tomemos un ejemplo. En una mesa, a la hora del desayuno, hay una taza de té llena hasta una tercera parte. Gracias a las neuronas espejo, podemos saber, mirando la mano que alcanza la taza, si la persona va a beber el resto del líquido o va a vaciar la taza en el fregadero. En este ejemplo la anticipación carece de importancia. Pero en algunos casos, ver la intencionalidad puede ser vital.

Por ejemplo, cuando te enfrentas a un oso pardo, tienes dos posibles actitudes: si ves al oso, te asustas y huyes... y entonces suele

---

[*] En una conversación particular.

ser demasiado tarde, el animal ya está sobre ti; o, por el contrario, primero huyes, luego ves al oso y finalmente tienes miedo porque te das cuenta de que podrías haber muerto... y entonces sigues vivo. Es una reacción inmediata que pone en cortocircuito el razonamiento. *Uno se pregunta sin preguntar, uno ve sin ver, la acción precede al pensamiento racional.* Para mí, desde que el mundo es mundo, sobreviven aquellos que tienen el don de percibir una amenaza y huir antes de que se les acerque.

Recuerdo un momento difícil en la estación Saint-Charles de Marsella durante la guerra. Estaba en una misión, acompañada por un hombre cuya esposa se suponía que era yo. ¡No habíamos previsto encontrarnos con gente que lo conociera! Cuando me vieron, dijeron: «Eres demasiado joven para tener los hijos tan mayores de este caballero».

Sin pensarlo, *sin reflexionar*, contesté: «Me he hecho un estiramiento de piel». Eso los hizo callar, evitando posibles consecuencias adversas.

En relación con los recuerdos que encontramos en la transmisión de los traumas, las neuronas espejo nos ayudan a comprender mejor cómo pueden seguir actuando sobre nosotros sin que lo sepamos, fuera de la percepción consciente.

La huella de la memoria arcaica corporal

Clínicamente, he tenido a menudo la oportunidad, en la técnica de psicodrama (o juego de roles terapéutico), de escuchar de vez en cuando, durante la sesión, a hombres adultos expresándose con una voz de antes de la muda y recuperar su voz de hombre en el «regreso al grupo», es decir, cinco minutos después de que terminara. En 2006, pude ver como un hombre revivía su primera infancia —con el sabor en la boca del medicamento (un jarabe calmante) que su madre le hacía tragar para que durmiese—, y hacía un movimiento de succión con los labios, con gestos lentos como si estuviera drogado o bajo hipnosis.

Ya que estamos obligados, incluso inconscientemente manipulados, por actos fallidos, por recuerdos inconscientes, tal vez no seamos, por desgracia, nada más que marionetas controladas por hilos invisibles —más allá y por encima de nuestra conciencia— por un precableado en los circuitos del cerebro y las emociones.

Sin embargo, no es necesariamente la mala suerte lo que hace que estos fantasmas de generaciones anteriores nos acechen y controlen. Cuando la *lealtad invisible* restringe nuestra libertad y nos obstaculiza, es importante hacerla *visible* y detener la repetición indeseada, infeliz, malsana o incluso nefasta de los traumas, muertes o enfermedades.

Otros factores biológicos, o bioeléctricos, pueden entrar en juego en la transmisión transgeneracional.

A medida que la ciencia y la investigación médica descubren información sobre la composición eléctrica y biológica de la célula, avanza nuestro saber acerca de los muy variados mecanismos a través de los cuales se transmiten los patrones transgeneracionales e intergeneracionales, así como la memoria.

Por ejemplo, podemos aprender más sobre cómo ciertas partes de una célula retienen las emociones, o cómo un trauma puede afectar a las células reproductivas e incluso a nuestro ADN. El nuevo campo de la *epigenética* nos está ayudando a comprender mejor cómo los factores sociales y ambientales pueden influir en la expresión de los genes. Estamos aprendiendo de qué manera las *señales epigenéticas* al nivel de genes y células pueden ser heredadas y transmitidas a través de generaciones.

No es mi deseo ni mi competencia discutir estos temas aquí, pero siento que es importante mencionarlos.

En el proceso de supervivencia a largo plazo de las especies, se puede formular la hipótesis —y la investigación puede confirmarla— de que la selección natural puede promover la supervivencia no solo del más apto, ¡sino también del que «lo ve venir»! Este sería, si se me permite la osadía de especular, el que supiera preservar e integrar las informaciones transgeneracionales referentes a la reacción ante una amenaza y un peligro. Esta reacción moviliza y hace que huyamos sin pensar. Todas estas son reacciones inmediatas necesarias para la supervivencia.

Experimentos recientes han demostrado que simplemente ver una serpiente o una araña (en la vida real o en una foto) puede desencadenar una respuesta tan inmediata que solo se puede vincular al «cerebro reptiliano», el garante de nuestra supervivencia. Algunos de nuestros familiares, así como nuestros clientes, han experimentado en el campo un salto o evasión de la serpiente antes de verla («reacción inmediata»), un reflejo que los protegió del ataque.

Un periodista parisino, Pierre Jovanovic, ha llegado a realizar y publicar una investigación sobre la existencia de los ángeles de la guarda.[6] En ella relata su propia experiencia, durante un reportaje en San Francisco, de una fuerza invisible que le advirtió de un peligro mortal inmediato. Jovanovic estaba en un coche, en el asiento del acompañante, cuando de repente agarró el volante y lo giró hacia la izquierda, como empujado por una fuerza invencible, unas fracciones de segundo antes de que una bala destrozara el parabrisas...

¿Cómo y por qué este gesto inesperado y salvador? Azar, premonición o cualquier otra cosa, ¿y qué? Los compañeros de la prensa le contaron historias similares en las que fueron arrebatados de una muerte segura de milagro, «el tiempo se ralentiza misteriosamente, voces enigmáticas que avisan de un peligro inminente, acciones inexplicables que salvan».

Sócrates solía decir que iría a donde quisiera, a menos que su *daimon* lo detuviera. Entonces se daría la vuelta: «Es algo que comenzó cuando era niño, una cierta voz que siempre me aparta de lo que voy a hacer y nunca me empuja a actuar».[7]

¿Serían todas estas señales una prueba de que los ángeles guardianes existen?

Durante seis años, Jovanovic ha estado investigando con médicos, pacientes e investigadores y comparándolo con lo que ha aprendido de los grandes místicos, incluyendo a santa Cecilia y santa Teresa de Jesús. Los ángeles: ¿mito, símbolo o realidad?

Es un interesante testimonio sobre hechos, aunque no hagamos nuestras todas sus deducciones y conclusiones.

Como académicos, tenemos el deber de mantener un enfoque científico abierto y prudente sobre estas áreas inexploradas.

La investigación en todos estos campos está lejos de ser completa; cualquier «decodificación biológica» es prematura y probablemente solo será posible en varias décadas, si no más.

Mencionamos el aspecto biológico de la transmisión transgeneracional para señalar el importante trabajo en esta área, pero también para llamar la atención de los científicos sobre esta importante cuestión.

Aconsejemos al lector que tenga paciencia y que siga paso a paso el progreso de las investigaciones científicas y la acumulación de evidencias adicionales.

Los fractales y la teoría del caos

También se puede prestar atención a las investigaciones que surgen de la teoría del caos y los fractales —directa o indirectamente derivada de la obra de Benoît Mandelbrot— y al «significado» de lo que parece no tener sentido, como el azar, el clima, los movimientos financieros y los imprevistos de los grandes movimientos de fractura del lecho marino, como el reciente y tan fatalmente destructivo tsunami.

Recordemos una de las definiciones ofrecidas sobre el azar: «El azar es la conclusión a la que recurren los investigadores cuando dejan de buscar». Muchas de las llamadas certezas pretendidamente científicas de siglos pasados e incluso del pasado reciente ya no existen a la luz de la ciencia actual del siglo XXI.

Todo está cambiando rápidamente, incluso los credos de la ciencia y nuestras presuposiciones y paradigmas.

CAPÍTULO VI

Cambio y resistencia al cambio

E l cambio representa a menudo una dificultad para los individuos, las familias y la sociedad. Es, por lo general, tan deseado como temido.

Uno de los principales investigadores y actores en el campo
del cambio es un psicosociólogo estadounidense de origen alemán:
Kurt Lewin.

Kurt Lewin (1890-1947)

En 1935, emigró a Estados Unidos, donde se estableció y comenzó a trabajar.[*]

Creador de la *dinámica de grupos* y diseñador de la *investigación-
acción*, aventuró dos postulados: «El todo es distinto de la suma de
las partes» y «Todo está en un equilibrio cuasiestacionario».

Para comprender la situación en la que se encontraba una persona determinada, la representaba topológicamente en un campo

---

[*] Kurt Lewin conoció a J. L. Moreno en 1936. En 1945, fundó el Research Center for
Group Dynamics en el Massachusetts Institute of Technology (MIT) cerca de Boston,
que fue transferido a la Universidad de Míchigan (Ann Arbor) tras su muerte, donde
realicé mis estudios en 1950-1952.

de fuerza. Dibujaba una cruz para ella y otra para el objetivo que ella misma se había fijado.

Luego dibujaba el camino que tenía que tomar para alcanzar su meta abriéndose paso a través de los obstáculos, barreras y diversas prohibiciones que se le presentaban.

También tenía que negociar con potenciales «guardabarreras» cuando no disponía de otra ruta alternativa.

Cualquier situación que parezca estable no es en realidad más que el resultado de las fuerzas en juego.

Esto puede entenderse desglosando las fuerzas que luego permiten el cambio real al crear el desequilibrio. Este desequilibrio puede ser impulsado por una pequeña presión, más o menos fuerte, en ese mismo «campo de fuerzas» presente y a partir de una visión de las *barreras* y *guardagujas* que regulan el tráfico en esos campos de circulación libre o controlada/vigilada.

«Nada es más práctico que una buena teoría», decía Lewin.

Desafortunadamente, no lo llegué a conocer en vida. Trabajé durante dos años en la Universidad de Míchigan (Ann Arbor) con sus asistentes de investigación, especialmente con Ronald Lippitt y Leon Festinger, de quienes aprendí sobre la preselección de información contraria a nuestras ideas (la *disonancia cognitiva*),[*] así como la observación armada y la observación refinada. Esto me dio la oportunidad de comprobar hasta qué punto él tenía razón.

Desde entonces, siempre he sido capaz de notar la diferencia entre la investigación práctica y pragmática, la investigación-acción y «reflexionar en un sillón».

«No puedes sentarte en la idea de una silla» y «Un mapa no es el territorio», decía Alfred Korzybski, creador de la teoría de la semántica general.

---

[*] En *Teoría de la disonancia cognitiva* (1957), Leon Festinger demostró que todos toleramos en mayor o menor medida las contradicciones lógicas y emocionales, y que ello se manifiesta desde el principio como una incapacidad para percibir lo que no encaja con nuestros hábitos o elecciones: un hombre que acaba de comprar un coche nuevo no para de ver ese coche en la calle o en los anuncios de publicidad.

Todo está en un equilibrio cuasiestacionario

Volvamos al concepto de equilibrio cuasiestacionario, es decir, inestable, y su significado desde una perspectiva psicogenealógica y transgeneracional.

Todos sabemos que no te bañas dos veces en el mismo río, porque aunque se trate del mismo río, el agua no es la misma.

Tenemos una noción ilusoria de que todo puede ser sostenible, desde el amor eterno que prometemos hasta los muebles y las relaciones familiares o de amistad. Pero todo cambia y se desgasta cada día: cada objeto, cada casa, cada relación, cada sentimiento. Las cosas y las relaciones únicamente son duraderas si se mantienen (solo hay que ser propietario o copropietario de una casa para saber que la vigilancia y la supervisión deben ser permanentes y que los trabajos de mantenimiento deben reanudarse regularmente).

Tendemos a olvidarnos de ello y nos quedamos dormidos en una falsa seguridad.

El día que los alemanes quemaron la casa

Uno puede vivir en una casa, lejos de todo, por ejemplo en el Macizo Central de Francia, creyendo estar a salvo, y un día ver esta casa quemarse y perderlo todo en diez minutos. Eso es lo que me pasó el 6 de junio de 1944, el día del desembarco de los aliados, por una acción de las tropas SS en la Francia ocupada.

Me quedé sin nada, sin hogar, sin papeles, sin dinero, sin agenda de direcciones, verdaderamente sin nada, salvo la vida. Porque allí, como por un milagro, el desembarco hizo que los ejércitos alemanes se trasladasen hacia el frente de Normandía... y nosotros sobrevivimos.

La historia del ladrón y los documentos

Recuerdo una noche de mi primera infancia cuando, en una casa de campo de una planta, me despertó el ruido de mi ventana al abrirse y vi cómo entraba un ladrón.

Poco después, huyó de allí, perseguido por los hombres de la casa: mi padre, mi abuelo, mi tío, lanzados tras él, en pijama, por la noche, tratando de cazar al ladrón que había robado el pasaporte de mi abuelo, en un momento delicado de la historia, justo antes de su partida hacia el extranjero, que quedaba así comprometida.

Repitiendo la historia de la pérdida de los documentos

Y como si eso no fuera suficiente, décadas más tarde, en Suecia, al salir de un seminario que dirigía en el campo, decidí acompañar, por ninguna razón especial, a una colega que tenía que tomar su tren a la ciudad. Me senté frente a la estación para tomar un helado, y para mi horror, me di cuenta de que me habían robado el bolso, con mis documentos de identidad, mi billete de vuelta y todo mi dinero... y esto un sábado por la mañana cuando todo estaba cerrado, incluida la embajada de Francia.

Era imposible volver a Francia sin papeles, billete de avión y dinero. Sobreviví en ese país extranjero un poco como en 1944, por la gracia de Dios y de gente casi desconocida. Pero todo salió bien, «de milagro» una vez más, gracias a una reunión en la embajada el lunes siguiente... No poder salir en el último momento ya me había sucedido durante la invasión de la zona sur por los alemanes, en la víspera de nuestra partida a América, con los baúles preparados en el vestíbulo. Todo lo que nos quedaba eran nuestros ojos para llorar... y una guerra que soportar.

Sobrevivir a la pérdida

Sé «en lo más hondo de mi ser» que todo es temporal, inestable, y puede convertirse en humo en cualquier momento. Y *lo sé* desde el incendio de Moscú en 1812 por el general Rostopchine (padre de la condesa de Ségur, la de las *petites filles modèles** de mi

---

* N. del T.: 'Niñitas ejemplares'. La condesa de Ségur escribió historias de corte moralista destinadas a las niñas. Sus jóvenes protagonistas eran valientes y activas, y vivían inspiradoras aventuras en su vida cotidiana.

infancia) para asustar a Napoleón y obligarlo a darse la vuelta. Parte de la familia de mi madre es de origen ruso y su casa fue quemada...

Así es como, para mí, las casas se queman, los proyectos se caen, los documentos de identidad desaparecen. Es la imprevisibilidad de la vida, siempre en un equilibrio inestable. La vida solo tiene de estable la apariencia...

Gracias, Kurt Lewin, por dejar clara esta cuestión.

Y gracias a la psicogenealogía y a la teoría transgeneracional por enseñarnos que los hechos se repiten de generación en generación, a menudo en las mismas fechas.

Pero, por supuesto, había corrido algunos riesgos, escondiendo armas para los maquis en Lozère, en junio de 1944; al no vigilar más de cerca mi bolso en Suecia en 2004, y de nuevo saliendo en un impulso repentino y loco, como si fuera empujada por algo (¿el inconsciente?), el 6 de junio, el aniversario de la casa quemada del que me olvidé desconfiar...

Pero tal vez necesitaba esta nueva desventura para entender el síndrome del aniversario, las lealtades invisibles y las funciones del inconsciente en la repetición de eventos significativos.

Puedes sobrevivir, y sobrevivir muy bien, a la pérdida de todo lo que posees, cuando tienes la salud para trabajar y reconstruir tu vida.

Resistencia al cambio

«No se necesita mucho para que se dé un cambio, porque todo reposa en un equilibrio de fuerzas», sigue enseñándonos Lewin. Basta con añadir o restar un pequeño factor para que todo se desestabilice y cambie.

La filosofía budista evoca la impermanencia y muestra que todo está siempre en movimiento. Solo la negación del movimiento crea bloqueos.

Como cualquier trabajo introspectivo, la psicogenealogía genera un sentido de libertad en relación con uno mismo, la familia, el entorno y otros miembros del grupo social.

Esta libertad implica cambios, para la propia persona, pero también, como consecuencia, para los demás. La familia y el sistema social a veces se encuentran desestabilizados y ya no entienden, se confunden y se ralentizan: «¿Qué te pasa?»; «Ya no te reconocemos». El entorno familiar «sueña» entonces que todo vuelve a ser como siempre, e intenta frenar y desalentar cualquier deseo de cambio.

Porque cualquier cambio pone en duda los hábitos, buenos o malos. La gente prefiere a menudo quejarse que cambiar. Se impone la resistencia al cambio.

Como ha constatado el psicoanalista François Roustang en *La Fin de la plainte* [El fin de la queja] y en *Il suffit d'un geste* [Basta un gesto], los clientes no vienen necesariamente para cambiar, vienen sobre todo a quejarse: prefieren la queja al cambio de hábito.

Si te quejas tanto de tu vecino hasta el punto de querer cambiar de vivienda, a menudo también piensas que si te mudas, podrías meterte en problemas aún peores y... no te marchas.

Da la impresión de que quejarse procura placer.

¡Qué de personas eligen este estilo de vida quejumbroso! «Es mejor inspirar pena que provocar envidia» o «Para vivir felices, escondamos lo que pasa y quejémonos»... se convierten en los lemas de muchos timoratos.

Se cambia más fácilmente si somos varios

Contrariamente a las apariencias, cambiar o salir adelante no es tan difícil, incluso si la familia te está reteniendo.

No se necesita mucho para hacer un cambio. Esto es lo que Lewin demostró con su postulado de equilibrio cuasiestacionario. Todo cambia en cualquier momento y nada puede durar a menos que uno se aplique concienzudamente a ello.

Una de las mejores maneras de cambiar es empezar haciendo tu «genosociograma», ya sea solo o con un especialista, consultor o cualquier persona que pueda servir de eco o «caja de resonancia». Por eso prefiero trabajar tres días seguidos en grupos pequeños de dos o tres personas que no se conocen de antemano, en lugar de trabajar individualmente, porque la memoria de algunas de ellas despierta los recuerdos de las demás.

Además, suele ocurrir como un «milagro» y hay ecos reales de una persona a otra sobre cuestiones, asuntos o problemas familiares, o incluso soluciones inesperadas.

Recuerdo a esa señora que intentaba desesperadamente averiguar cómo fue hundido el barco de su padre por el enemigo durante la guerra. Por una feliz coincidencia, uno de los tres miembros del grupo era de una familia de marineros y conocía los detalles y la fecha del hundimiento.

¿Azar o «serendipia»?

Hemos visto como las lealtades familiares nos enredan, nos ponen anteojeras normativas, nos cierran los ojos ante la realidad del mundo.

El cambio es a la vez difícil y fácil si analizamos los frenos del cambio y estamos dispuestos a aflojarlos. A menudo se necesita poco.

Lo que nos empantana y engancha nos retiene. Cuando nos quedamos atrapados en el barro, a veces tenemos que abandonar nuestras botas, o nuestras vidas.

La investigación fundamental de Kurt Lewin sobre el comportamiento alimentario

En 1943, durante la guerra, las amas de casa estadounidenses compraban preferiblemente «buenas piezas de carne», es decir, esencialmente filetes. Pero el gobierno necesitaba estos cortes y toda la carne para alimentar a su ejército. Así que tuvieron que encontrar una forma de cambiar el comportamiento alimentario de la población. La investigación se le propuso al psicosociólogo Kurt Lewin y su equipo.

Demostró que la mayoría de la gente comía lo que se le pone en el plato, que, en aquel entonces, era decidido por adelantado por los responsables de los comedores, las amas de casa y las madres.

¿Cómo cambiar el comportamiento de las amas de casa? Lewin experimentó con varios enfoques y verificó los resultados sobre el terreno gracias a un estudio detallado de las ventas de carne en los barrios donde se realizaba la investigación experimental.

Se organizaron conferencias sobre el tema ofrecidas por oradores famosos acerca de los beneficios de los despieces menores, con distribución de fichas dietéticas, recetas de cocina y énfasis en los ahorros que se podían lograr. Los resultados de las ventas en las carnicerías de la región no fueron significativos.

En una segunda fase, las conferencias se organizaron de manera diferente: el tiempo de discusión de diez minutos al final de la conferencia fue aumentando gradualmente hasta que la conferencia se convirtió en una introducción de quince minutos seguida de cuarenta minutos de debate final.

Los resultados mostraron que no tenía sentido hablar, por muy talentoso que sea el orador, porque las amas de casa no se convencían más que por lo que ellas mismas decidían; y aun así solo el treinta por ciento de las que tomaron la decisión conjunta de pasar a la acción compraron despieces de calidad inferior, como se verificó por la encuesta de carniceros en la región.*

Las decisiones se toman en el diálogo y el libre intercambio entre «iguales».

El cambio tiene lugar durante la libre discusión con personas con las que quieres repensar las cosas. En realidad, los consejos y la lógica nunca cambiaron a nadie. *La presión del grupo hacia la uniformidad* puede jugar también su papel en la toma de decisiones casi unánime de las amas de casa.

La resistencia al cambio se manifiesta en otras áreas, como el ámbito laboral, donde todo directivo o jefe se enfrenta a esta resistencia. También en el trabajo social, cuando los actores institucionales dan consejos en lugar de «establecer acuerdos»; no

---

* Cabe señalar de paso que Lewin también se valió de «colegas» en connivencia con él para probar sus variables.

comprenden cómo ni por qué esos consejos de sentido común no son seguidos. La razón es que normalmente no tienen sentido para las personas involucradas.

«Los consejeros no son los pagadores» y los consejeros de buena voluntad ven las cosas desde un punto de vista general y lógico que, generalmente, carece de sentido para el aconsejado que vive en otro mundo, emocional, cultural y económico.

Sobre la base de esta investigación inicial, se introdujo en el mundo occidental la moda de los pequeños grupos de debate, y todos los estudios, la capacitación de adultos y los seminarios han sustituido desde entonces a los cursos y conferencias ex cátedra.

También se puede disfrutar trabajando con la familia en psicogenealogía para poner la palabra de nuevo en circulación, abrir la relación, liberar un poco al grupo familiar y así romper la resistencia.

Historia de una bicicleta

Lewin destacó la diferencia entre la predeterminación y la decisión diciendo que si bien la predeterminación es en realidad una intención de cambio, es en su mayor parte una *decisión verbal*, mientras que la decisión provoca el cambio *al pasar de la predeterminación a la acción*.

En mi infancia en París, tocaba el piano y a menudo paseaba en bicicleta con mi padre por el Bois de Bolougne. Al casarme, abandoné temporalmente el piano y la bicicleta, no porque tomase la decisión, sino porque no tenía ya la oportunidad de hacerlo, y porque mi marido y yo dedicamos nuestro tiempo libre a otras cosas.

Cuando me nombraron asistente y luego profesora de la Universidad de Niza, simplifiqué mi vida alquilando un apartamento frente a la universidad, así que todo lo que tenía que hacer era cruzar la calle.

Tenía un balcón y tomé una decisión lógica: comprar una bicicleta estática y ponerla en el balcón. Pero, de hecho, siempre tenía otra cosa que hacer, y al cabo de cinco años sin usarla (creo que solo la probé el día que la compré), me di cuenta de que era inútil y me deshice de ella.

Aunque había tomado una determinación previa, fue puramente verbal y hablaba de mi deseo de volver a ir en bicicleta. No fue de ninguna manera una decisión.

CAPÍTULO VII

¿Quién y qué es lo que realmente nos importa? Las verdaderas conexiones

Aprender a percibir la trama de la propia vida y qué es esencial para uno mismo

¿A quién y a qué nos estamos aferrando? Me parece importante observar y aprehender nuestra vida personal y familiar de un vistazo, en su conjunto y a lo largo de varias generaciones. Esto puede hacerse por escrito y en una hoja de papel: es el genosociograma. Como deseo probarlo al menos entre siete y nueve generaciones o en más de dos siglos, utilizo grandes y complejas hojas de papel de dibujo Canson que tengo a mi disposición en un caballete en el que trabajo de pie, con rotuladores de tres o cuatro colores.

Se indica de forma muy visible y legible qué y quién nos importa —seres vivos o muertos, o incluso nunca conocidos (para algunos, Sócrates o Sherlock Holmes están presentes y vivos), ideas, conceptos, objetos—, para resaltar su «mundo interior y exterior».

Significado, proceso y contenido de este trabajo transgeneracional: el genosociograma

La herramienta preferida de la psicogenealogía es el genosociograma. Es una extensión del trabajo del genealogista, pero en el árbol genealógico utilizado aquí se incluyen los *acontecimientos importantes y significativos* de la vida familiar y personal, así como las conexiones importantes entre ellos, entendidos en su contexto. Incluye investigaciones psicológicas fundamentales de la psicología científica universitaria y de la neurobiología, contribuciones de la comunicación no verbal (lenguaje corporal y del espacio-tiempo), secretos familiares y lo «obviado» a lo largo de varias generaciones, los vínculos entre personas, lugares y sus repeticiones agradables, útiles o dramáticas, y una comprensión del contexto histórico.

Es una especie de «psicohistoria» del sujeto y su familia, en su contexto de la época.

Acontecimientos importantes de la vida

El objetivo de este trabajo es investigar los acontecimientos significativos experimentados por los antepasados y sus repercusiones felices, pero a veces también trágicas, en la salud y la vida cotidiana, a menudo incluso un siglo o dos más tarde.

Es importante comprender que estamos repitiendo los acontecimientos, especialmente los dramáticos, experimentados por nuestros padres, abuelos y otros antepasados, a menudo sin saberlo ni quererlo, y por lo tanto sin nuestro conocimiento.

Estos dramáticos acontecimientos que nos abruman explican frecuentemente el porqué y el cómo del difícil, imperdonable o inexcusable comportamiento de nuestros padres y abuelos, del que podemos haber sufrido las consecuencias, y esto nos permite «redimirlos».

Podemos así exonerar a los vivos traspasando el peso a antepasados lejanos, lo que hace que la vida con los supervivientes sea menos exigente y difícil.

Constatar las repeticiones, de generación en generación, de lo experimentado en el pasado libera de una reevaluación hosca, exigente o angustiante.

El genosociograma también incluye a personas importantes, que pueden no ser familiares directos, como suegros, héroes, maestros, padrinos, madrinas, vecinos, un médico u otros, que han dejado su huella en el individuo a través de encuentros aleatorios.

También se incorpora lo que es importante, un mítico antepasado lejano, una casa familiar, un negocio, un objeto, un animal, un piano, un lugar, una vista «impresionante», etc.

El «átomo social»

Además del genosociograma, se puede utilizar el «átomo social». Este es un concepto de J. L. Moreno que define el conjunto de personas del entorno. Cuando lo dibujas por ejemplo en el tablero, se incluyen las más afines –vivas o muertas– (cerca de ti) y las que no te gustan (lejos de ti) para obtener una imagen global elocuente.

Podemos hacer una tabla con los nombres o el parentesco (marido, padre, madre, hijo, hija, nuera, grupo de amigos, de compañeros de trabajo, etc.) separando con guiones, nombrando a cada uno e indicando la relación que nos une.

Moreno pensaba en seres humanos. Pero esto me parece insuficiente para cubrir el campo de las pérdidas traumáticas y del átomo social. La experiencia clínica también me lleva a señalar a los animales favoritos (gato, perro, pájaro, caballo), pasados o presentes; a veces las plantas (el plátano frente a la ventana, el rosal plantado por la madre de la abuela), objetos significativos (piano, violín, guitarra, bicicleta, ciclomotor, coche, la casa que uno ya no tiene pero que lamenta haber perdido y guarda en su corazón), y muy a menudo personas fallecidas, parientes, amigos, figuras históricas o incluso héroes de novela.

Si tuviera que hacer el mío, añadiría a Sócrates, por ejemplo, y a Sherlock Holmes, que pondría cerca de mí, así como a mi querida bisabuela Hélène, que falleció hace ochenta años, pero cuya presencia tutelar todavía siento. Todo esto se convierte en un átomo social.

El átomo social, por lo tanto, contiene absolutamente todo, animal, vegetal o mineral, seres humanos (vivos o muertos), lugares y pensamientos orientadores (conminaciones familiares o la fe personal), que se sitúan cerca o lejos en el espacio. Añadimos incluso todo lo que nos apasiona, así como lo que creemos y las cosas inmateriales, como melodías musicales, amaneceres vistos en el pasado, canciones infantiles, un «oso de peluche», una muñeca, una gasa, una cinta, un héroe romántico o histórico, un estribillo, una «rayuela», una piruleta que guardan el corazón y la memoria, a pesar de los olvidos.

Estableciendo vínculos en un gran tablero y a lo largo de un mínimo de cuatro a siete generaciones —vínculos de color entre estas repeticiones de lugares, fechas, situaciones beneficiosas o perjudiciales—, somos capaces de sentir muchas emociones, que a menudo nos sobrecogen, sumergiéndonos en una oleada de rabia o lágrimas. Estas emociones permiten, si son percibidas, acompañadas, mantenidas y elaboradas, «pasar página», para «salir de ellas» mejor y volver a controlar la propia vida y el propio deseo, y dejar de soportar el peso y las consecuencias de las pérdidas, los duelos inacabados y los dramas vividos por los antepasados, a menudo amordazados y luego tapiados en el silencio.

Ahora veremos dos ejemplos clínicos de traumas graves relacionados con situaciones personales, clínicas, físicas y psicológicas o moralmente difíciles («abrumadoras»).

Marie, los maltratos y el hermano pequeño muerto

Marie fue maltratada de muchas maneras: palizas, gritos, privación de alimentos y también sexualmente, por su padre (incesto), hasta el punto de que es un «pingajo humano», que asiste sin poder hacer nada al maltrato sufrido por su hermano mayor, a veces obligado a lamer su comida en el suelo en un tazón, con las manos atadas a la espalda, y apaleado como un perro (no me lo estoy inventando, este es un caso real que he conocido personalmente).

Desde la distancia, ve cómo su hermano pequeño tiene un accidente mortal en la carretera, y es arrastrado por los pelos hasta la mediana por el conductor antes de huir. Permanece congelada, como anestesiada. Desarrolla pesadillas recurrentes. Finalmente, ya adulta y madre de familia, intenta reconciliarse con su padre, que se ha relajado un poco con la edad, pero queda destrozada cuando él se ahorca, con una espectacular y dramática puesta en escena, en cierto modo obligándola a que sea ella la que le descubra y le descuelgue: mantiene el peso de su pesado cuerpo contra el suyo, lo que le recuerda los actos de incesto. Es un trauma más, esta vez casi definitivo.

A pesar de algunas terapias diversas, incluyendo la psicoterapia de grupo a largo plazo y el psicodrama, es como si todo ello la acosase durante años.

Para empeorar las cosas, su hermano, que se ha vuelto violento y excéntrico como resultado de los golpes en la cabeza, quiere toda la herencia y provoca varios «incidentes» que ella no es capaz de anticipar y detener. Su único hijo está deprimido y se niega a recibir tratamiento. Su compañero, también violento, la abandonó. Fue herida por un niño psicótico que le rompió los dedos, y ya no puede ni siquiera pintar. Sus compañeros le están haciendo pasar un mal rato porque tiene una concepción más humana y menos disciplinaria de su trabajo. Es agradable, dulce, un poco indefensa y a menudo depresiva, desde siempre. Y así seguiría a menos que...

Tiene intuición de artista y sueños que le hablan tan claro que no necesitan interpretación. Su terapeuta se ha trasladado de barrio, y no se siente a gusto con su sustituto (por cierto, ella resulta muy difícil de ayudar, porque ya no sabe a qué aferrarse). Su vida es un infierno carente de esperanza.

Demasiado, es demasiado.

Entonces comienza la remontada. En el aniversario de la muerte de su hermano pequeño, se da cuenta de que lo vive mejor (hemos trabajado mucho en ello en la terapia). Poco después, por fin se la escucha en su trabajo y es integrada en otro equipo más humano. Se las arregla para pagar sus deudas y «respira» económicamente. También está conociendo a un nuevo amigo, realmente bueno, amable, cariñoso, que la apoya. Y ella revive...

Mantiene en su mente los consejos de su exterapeuta y sigue analizando por su cuenta sus sueños y aceptándose a sí misma tal y como es. El recuerdo de su terapeuta, que siempre la apoyó, le produce (asegura) la impresión de tener una nueva familia, ayudándola a continuar con su proceso. Por fin vive. Como por una milagrosa intuición, su antiguo terapeuta la llama para comprobar cómo está y ella le confirma su regreso a la vida, y su nueva vida afectiva, con un «buen hombre», finalmente.

Amélie, la reina María Antonieta y los adverbios interrogativos

Se trata de un caso clínico en el que aparecen vínculos transgeneracionales invisibles en un lugar «embrujado» por recuerdos históricos.

La vida profesional de Amélie transcurre normal y sin incidentes. Por otro lado, experimenta regularmente un malestar incomprensible, acompañado de migrañas. Recurriendo a los adverbios interrogativos —«quién, qué, cuándo, dónde, cómo, cuánto, por qué»—, le pregunto desde cuándo y dónde.

Sitúa este malestar en un cambio de lugar de trabajo, una vez a la semana. Desde hace algunos meses, los jueves, trabaja en un viejo castillo, que se ha convertido en un centro de formación, donde tiene una sala de consulta. Y allí se siente enferma, como si tuviera la cabeza en un torno, y solo allí. Me pregunto si hay algo especial en este lugar. De hecho, ¡sí! Este es el lugar donde residió la reina María Antonieta. Propongo una hipótesis (a verificar por ella misma) de posibles vínculos con María Antonieta y la invito a hacer algo al respecto. Decide comprar una postal de la reina y pegarla en la pared de esa habitación, y mientras está allí, regalarse una copia del broche de María Antonieta, del museo del Louvre, con las iniciales «MA» entrelazadas.

Se siente mejor, pero aún estamos buscando pruebas. «Se remonta» en su genealogía a la época de la Revolución y encuentra una criada en Varennes. Establecemos hipótesis históricas: podría ser que esta sirvienta estuviera en Varennes en el momento del arresto de María Antonieta, cuando la pareja real huyó, y hubo un cruce de miradas, quizás incluso unas pocas palabras. Esto es absolutamente imposible de probar, pero posible. Sea como fuere, las migrañas y el malestar han desaparecido por completo.

Recordemos de paso que hay muchos testimonios en los que, en ciertos lugares, como el Petit Trianon, la gente «siente» y «ve» a María Antonieta, la «bella reina mártir».

Las leyendas negras y los castillos embrujados no están solo en Escocia. Así, algunos individuos, los «sensitivos», como dicen en Brasil, a veces sienten a las personas que han vivido y los eventos pasados que han acontecido en estos lugares, sobre todo los relacionados con una muerte violenta.

CAPÍTULO VIII

Cómo hacer un genosociograma

V er la propia historia familiar representada en un conjunto claro y completo nos permite unificarla y captarla de un vistazo, el pasado y el presente finalmente unidos. Esta visión general provoca a menudo un desencadenante vital.

Dibujos, detalles de dibujos y convenciones

Denominé «genosociograma» a este dibujo técnico. El genosociograma es un gráfico de un árbol genealógico completo en el que se incluyen los sucesos importantes y los vínculos afectivos: «árbol de la vida», genealogía de siete a nueve generaciones, cartas, signos convencionales* y etapas.

Se puede dibujar en horizontal en papel de dibujo o en hojas de papel, de manera que se pueda extender y ampliar cuando sea necesario.

La familia está señalada por dos líneas horizontales de pocos centímetros, separadas por una línea vertical en el medio.

La primera línea representa el «lecho marital» —los padres—, que se indica con una línea vertical ascendente en cada extremo. El

---

* Cabe señalar que aquí he dado preferencia a la señalización sociológica de un círculo para las mujeres y un triángulo para los hombres.

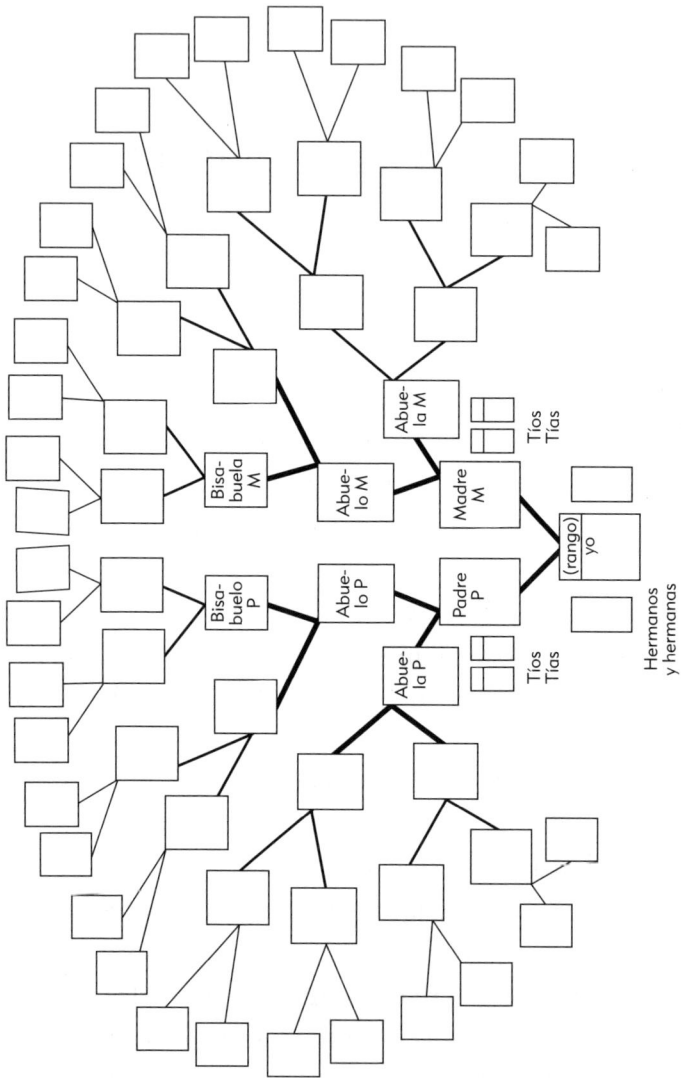

Mi árbol genealógico (con mis hermanos y hermanas)

Bisa-buela M

Abue-lo M

Abue-la M

Madre M

Bisa-buelo P

Abue-lo P

Abue-la P

Padre P

(rango) yo

Tíos
Tías

Tíos
Tías

Hermanos
y hermanas

padre está a la izquierda, coronado por un triángulo, indicado por una «P» mayúscula en el exterior, de la altura del triángulo. La madre, simbolizada por un círculo al final de una pequeña línea vertical ascendente a la derecha, está señalada con una «M» mayúscula en la parte exterior, con el nombre, la fecha y el lugar de nacimiento debajo del círculo. Las dos líneas horizontales están conectadas en el medio por una línea vertical.

La segunda línea horizontal señala a los hijos. A menudo es más larga que la de los padres. A los niños se les da un número a cada uno.

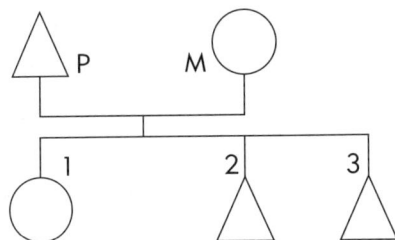

Los hijos del mismo lecho (matrimonio) aparecen representados, cada uno bajo una línea vertical hacia abajo (en este caso tres niños), terminando abajo con un triángulo o un círculo, según el sexo del niño.

Ya que hay muchas familias recompuestas después de la muerte, el divorcio o la separación, cada «lecho» aparece indicado de manera separada y se menciona cada descendiente del primer matrimonio, del segundo, etc.

Si ha habido otros hijos de otros lechos, se indican por separado, con cada nuevo cónyuge a partir de otra línea en el medio de la parte inferior del triángulo o del círculo del padre o la madre en cuestión, reunidos por un «hogar», que rodea mediante una línea redondeada desigual a quien «vive bajo el mismo techo y come de la misma olla», como dicen.

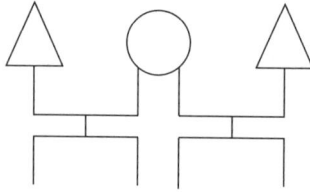

Entre las dos líneas horizontales, aparecen los lugares donde transcurre la vida: las ciudades o pueblos habitados por los padres. En el caso de las ciudades o pueblos poco conocidos, indicamos entre paréntesis la ciudad importante más cercana (por ejemplo, «a treinta kilómetros de Poitiers»).

También se indican los acontecimientos dramáticos o importantes, como nacer en el aniversario de la muerte de Luis XVI (importante para una familia de derechas) u otros eventos de la historia local o nacional (durante la guerra, durante la ocupación alemana, el día de la declaración de la guerra, el día que hubo fusilamientos locales o cuando se produjeron hitos familiares señalados).

Puede ser el aniversario del nacimiento o del fallecimiento del tataratío abuelo muerto en acción: la olla se quemó el día en que nació, porque todos estaban demasiado ocupados con él para atender la cocina, hasta que la casa se llenó de humo y creyeron que era un incendio...

Los nombres de pila son importantes. Se trata sobre todo de por qué se eligieron. A veces, el nombre de pila recuerda un amor de la infancia, el nombre del verdadero progenitor, un niño anterior que murió, el nombre de pila de otro niño oculto al padre, el primer marido o prometido de la abuela (nunca olvidado), un personaje de película memorable, un vínculo oculto o un vínculo por descubrir, o ciertos detalles físicos (ser pelirrojo puede relacionarse con algún personaje malvado o representar a una «mala mujer», la «luna roja»* o a Lilit).

---

* N. del T.: La luna roja o «luna de sangre» se da cuando hay un eclipse total de luna. En estos casos toma este color. Muchas culturas y tradiciones esotéricas la asocian a acontecimientos luctuosos o violentos.

El genosociograma también indica oficios, nivel de educación (por ejemplo, «suspenso en el bachillerato»), traslados y desarraigos, actos de guerra significativos, ciertas patologías pequeñas o grandes, como nacer prematuramente, con el cordón umbilical alrededor del cuello o mediante cesárea (que a menudo cambia la fecha de nacimiento y su significado familiar), la esclerosis múltiple, un trastorno genético, como el retraso mental o físico grave, la falta de órganos o miembros (ser ciego de nacimiento o quedar ciego), la psicosis, la pena de prisión o incluso la prisión preventiva, el confinamiento psiquiátrico, los suicidios (y quién descubrió el cuerpo y las posibles razones, incluidas la desatención familiar, la carencia de buenos cuidados psiquiátricos o la depresión), una quiebra o la deshonra (suicidio para evitar ir a la cárcel, por ejemplo), si se es hijo «natural» o bastardo, adoptado o nacido de una madre «indigna» o «rapada» en los tiempos de la liberación, de una «mala nacionalidad» (ser hijo de un enemigo de Francia en esa época, por ejemplo de un soldado alemán durante la ocupación), demasiado pobre o demasiado rico, zurdo, cojo, jorobado, de color, etc.

Algunas personas dudan, sin saber por quién ni cómo empezar: ¿por ellas mismas o por sus padres? Esta duda es importante, porque plantea la pregunta de quién es el centro de su vida: ¿papá, mamá, la abuela, el hermano, la empresa?

A veces aconsejo trazar sobre una gran pizarra una línea horizontal para señalar a los hermanos y hacer descender trazos verticales para situar a cada niño. Numeramos a los niños como lo hace la familia, de izquierda a derecha. Añadimos todas las concepciones, es decir, incluso los niños que murieron en el útero, abortos espontáneos (AE), abortos inducidos (IDE), mortinatos (MN) o muertes de bebés o niños pequeños (a menudo ausentes de la numeración familiar).

Los niños están indicados por un triángulo, las niñas por un círculo, en el que se escribe la cifra de la edad. Encima se añade el nombre, el lugar y fecha de nacimiento, y algunos otros datos,

CONVENCIONES GRÁFICAS

Las convenciones gráficas son muy simples: ○ círculo para las mujeres, △ triángulo para los hombres (los médicos utilizan un cuadrado), unidos a los padres por
una — línea que se engancha a la U mayúscula que representa a los padres, . . . pun-
teado en lo que respecta al aborto provocado o el aborto natural (o espontáneo).
Para la pareja: = línea doble para el matrimonio, línea simple para la unión libre,
– – – y discontinua al subrayar una relación privilegiada. Y en el matrimonio, ≠
barra para una separación, # barra doble para un divorcio.

✳ Individuo dominante

⊖ Emigrante-emigrado

⊕ Problemas psicológicos

⊗ Homosexual o bisexual

▤ Hermanos con poca diferencia de edad (entre doce y veinte meses) y tratados
como gemelos idénticos

▤ O casi trillizos ▤

⊙ Aún soltero a los cuarenta y cinco años o más

○ Los círculos indican cualquier persona femenina.

△ Los triángulos indican cualquier persona masculina (los médicos
utilizan un cuadrado).

☐ Los cuadrados indican que se desconoce el sexo de la persona.

⬚ Los cuadrados punteados representan abortos espontáneos o
abortos inducidos, en caso de que se desconozca el sexo del niño.

△ ○ Los triángulos o círculos punteados representan un aborto o pérdida de embarazo, en el caso de que el sexo del niño no sea conocido.

▲ ◉ El círculo o triángulo enmarcado indica la persona sobre la que se
ha establecido el genosociograma.

△ ○ La doble línea que une a dos personas significa un matrimonio.

△ ○ Una sola línea representa una unión libre.

△ ○ Una línea discontinua indica una relación simple.

△ ○ Una barra simple significa una separación.

Una barra doble significa un divorcio.

Volver a casarse: las líneas horizontales están numeradas por el orden de matrimonios (por ejemplo, 1 = primer matrimonio).

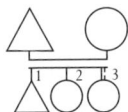

Los padres.
Hijos: el número indica el orden de los hermanos. Aquí, el tercer hijo con una relación padre-hijo junto con una línea de puntos es un niño adoptado.

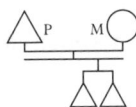

Padres de gemelos.

Este vínculo indica un acuerdo entre las dos personas.

Este vínculo indica un desacuerdo entre las dos personas.

La cruz indica que la persona ha fallecido; normalmente la fecha de la muerte se muestra junto a ella, junto con la edad.

Las personas que viven bajo el mismo techo están rodeadas por una línea que los conecta.

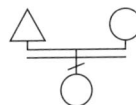

Una línea oblicua en los enlaces de parentesco indica que las relaciones se han cortado.

La línea en zigzag indica conflictos conyugales.

ALGUNOS SÍMBOLOS UTILIZADOS PARA MARCAR HECHOS Y ENFERMEDADES

m = matrimonio	Dp = depresión	AMO = abuelo materno
d = divorcio	ad = adopción	APA = abuela paterna
s = suicidio	Tb = tuberculosis	APO = abuelo paterno
A = accidente	AE = aborto espontáneo	BOM = bisabuelo materno
G = guerra	NM = nacimiento de mor-	BAM = bisabuela materna
K = cáncer	tinato	BOP = bisabuelo paterno
C = enfermedad cardíaca	MS = muerte súbita	TTAM = tataratatara-abuela
AA = Alcoholismo	P = padre	materna
IDE = interrupción de emba-	M = madre	
razo, aborto	AMA = abuela materna	

como el lugar de residencia, los estudios, la profesión, algunas enfermedades graves y cada desarraigo (incluso una pequeña mudanza o cambio de cama o habitación en la casa).

El matrimonio está marcado, para cada hijo, por una línea vertical que baja desde el centro del círculo o triángulo, una línea vertical de unos pocos centímetros, por debajo de los cuales se traza una línea horizontal si hay un matrimonio o una relación duradera, y luego se «sube» para indicar el cónyuge, aproximadamente a la misma altura.

La línea se hace más gruesa para indicar la persona sobre la que se está haciendo el trabajo, de modo que sea realmente muy visible. De esta manera, cuando estemos trabajando en él haremos más marcadas las líneas que indican de quién descendemos por sangre a través de todas las generaciones, de modo que los lazos de sangre (que nos unen a los ascendentes de los cuales llevamos los genes) se vean claramente. Y tratamos de remontarnos a los abuelos de los abuelos e incluso más allá, a la Revolución y el Terror de 1793 (sí, lo hacemos más fácilmente y más a menudo de lo que pensábamos en un principio).

Metodología por asociación de pensamientos

Contrariamente a la elaboración de un árbol genealógico clásico, lo que está escrito en la pizarra sigue los vínculos del corazón y la memoria, y no necesariamente los de la lógica. No hay espacios en blanco que rellenar, solo hay que comprender lo que le importa al sujeto que está elaborando el árbol, aquí y ahora. Tengo formación de psicoanalista, creo en el inconsciente y en las libres asociaciones de pensamientos significantes y significativos.

Ser libre, sentirse libre para hablar de uno mismo, hacer preguntas a la familia, hablar de temas dolorosos o prohibidos no es fácil. Hay rechazos, temas tabú. También hay autocensura, o una prohibición tal que ni siquiera tenemos la posibilidad de pensar en ello.

«Seguimos» las asociaciones de pensamientos de la persona que está realizando el trabajo, y poco a poco marcamos, mediante un dibujo, de quién está hablando. Esto nos obliga a ir continuamente de un lado a otro en la genealogía.

Por ejemplo, si esta persona habla de un abuelo, trazamos una línea vertical en medio de la línea horizontal de los hermanos y dibujamos otra línea en el medio de la línea horizontal de los hermanos, y luego otra línea horizontal para el «lecho conyugal», una línea a partir de la cual se sube a la derecha y a la izquierda, verticalmente, para conformar un triángulo para el padre y un círculo para la madre, en el que se indica brevemente el nombre y la edad. Se comienza de nuevo por encima para señalar a la persona que acabamos de mencionar, el abuelo paterno por ejemplo (APO) o la abuela paterna (APA), y así sucesivamente. Después lo retomamos desde donde proceden las asociaciones de pensamientos.

Normalmente una hoja de papel no es suficiente, por lo que lo agrandaremos pegando otra cuando sea necesario.

Es inútil tratar de prever la falta de viñetas o de papel de mayores dimensiones desde el principio, pues las asociaciones de pensamientos no son lógicas y los papeles grandes preparados solo ocupan espacio y obligan a realizar recortes y *collages*.*

Tratamos de hacer un trabajo limpio y duradero, de manera que podamos retomarlo más tarde, a menudo varios meses después, si es necesario.

---

* Un pequeño truco: es difícil escribir sobre papel pegado (incluso con cinta de buena calidad). Recomiendo pegar las hojas por detrás, haciendo que se superpongan y usando rollos de tela adhesiva (como Tesa, que se mantiene bien a lo largo del tiempo), luego dar la vuelta a las hojas y continuar el trabajo. Cuando se haya terminado de escribir, para que todo se mantenga unido, lo forramos de un lado a otro, y conviene pasar las manos sobre el papel o la tela adhesiva para evitar que se formen bolsas, lo que haría que las hojas se curvaran y el panel no duraría mucho.

Enlaces de color

Durante el trabajo se utilizan rotuladores (marcadores permanentes de punta fina) de cuatro o cinco colores.

Escribimos en negro, por ejemplo, mantenemos el azul para otras familias (como la del cónyuge) e indicamos en rojo los puntos destacados o dramáticos.

Es muy importante indicar claramente todos los vínculos positivos dentro y fuera de la familia sanguínea, porque ayudan a vivir: usaremos el verde; y también, en zigzags negros muy visibles, marcaremos relaciones negativas, incluso agresivas o destructivas (algunos seres son dañinos y usan «palabras que matan») entre familias o generaciones.

Asimismo se indica con una línea alrededor de ellos (en otro color, por ejemplo en malva) quién vive con quién, come de la misma olla y duerme bajo el mismo techo, porque la vida cotidiana —con sus fricciones y ajustes— va acompañada de problemas específicos.

Vivir en el mismo hogar también incluye a menudo a uno o ambos abuelos ancianos, «tías» o «tíos» solteros o viudos, otros niños, otros parientes, conocidos o desconocidos, que viven en casa o la visitan muy a menudo. Es importante saberlo, tanto para tratar de explicar los casos de abusos diversos, por ejemplo, los abusos sexuales, o el acceso a drogas, como en los casos de ayuda y apoyo imprevisto a niños y adolescentes en dificultad (y resiliencia).

Una vez que el trabajo está hecho, miramos todo el esquema, desde la distancia, y añadimos lo que faltaría.

Luego miramos todo de nuevo, de abajo arriba, para percibir de un vistazo el conjunto y las características de la propia historia familiar, a lo largo de varias generaciones. Tratamos de remontarnos hasta la Revolución (un poco más de dos siglos, pues la memoria de la familia a menudo mantiene rastros perceptibles y accesibles). Recordar una historia familiar olvidada no es tan difícil como uno podría pensar, aunque falten detalles.

En mi caso, que ya tengo una edad, mantengo el recuerdo de mi bisabuela, que vivía con mis abuelos maternos, cerca de nosotros, en París. Ella recordaba lo que su abuelo le decía sobre el incendio de Moscú por parte del general Rostopchine, padre de la condesa de Ségur, sobre quien esta última escribiría en sus libros dándole el nombre ficticio de general Dourakine. Cuando la escuchaba era «como si yo estuviera»... ¡en 1812! Una memoria familiar viva en el siglo XXI.

Lo mismo sucede en muchas familias, y la gente recuerda mucho más de lo que cree, una vez que se empieza a retroceder en el tiempo, situando a la familia en el contexto histórico.

Conviene ir con cuidado y evitar provocar falsos recuerdos o elaborar hipótesis que no puedan ser verificadas.

Para comprender mejor el contexto histórico y ayudar a la reconstrucción de los recuerdos, me baso en las enciclopedias, en particular las Larousse: *Chronologie du XXe siècle*, *Chronologie de la France*, algunos libros como *Histoire des relations franco-allemandes* y varios atlas histórico-geográficos.

También me interesa la historia detallada de la Revolución, la guerra de 1870, la guerra de 1914-1918 (el uso de gas y la experiencia de las trincheras) y todos los períodos significativos y traumáticos que «reaparecen» el día que la persona viene a consultarme.[*]

Fechas que se repiten

Algunas fechas aparecen con tanta frecuencia que ya las tengo en mente y puedo reconocer de memoria las señales de advertencia, incluyendo señales físicas, emociones psicosomáticas y somatopsíquicas, y por lo tanto de traumas transgeneracionales que hay que investigar y trabajar.

---

[*] N. de la E.: La autora escribe en el contexto de su país de origen, pero se puede extrapolar a otros acontecimientos históricos que hayan marcado de manera indeleble la historia de cualquier país.

Algunas personas pueden tener un brote o eccema alrededor del cuello, como para señalar el rastro de un golpe, el aniversario de la muerte de Luis XVI. Otros tienen problemas de asma en las generaciones que descienden de soldados gaseados durante la Primera Guerra Mundial.

Hechos de la guerra y recursos históricos

Para los hechos de la guerra, se busca en la familia, incluso en la lejana, alguien que haya conservado una o más cartillas militares. Se verifica todo en los Archivos Históricos del Ejército[*] u otros archivos castrenses.

También averiguamos quién podría haber guardado los libros de familia o realizado una investigación genealógica, a menudo un primo lejano de los padres.

La importancia de los sueños

También usamos los sueños. Esa es la razón por la que prefiero las sesiones durante dos o tres días consecutivos, lo que deja la noche para soñar y la mañana para hablar de ello y analizar los sueños.

Los grupitos reducidos de dos o tres personas solamente, desconocidas entre sí, siguen siendo una buena fórmula: el trabajo de cada una despierta la memoria de las demás, y generalmente es más fructífero para cada persona que en el desarrollo individual, porque las cuestiones clave se superponen y generan ecos.

Es mejor trabajar solo y con extraños que con amigos, familia o cónyuge, porque estás un poco en guardia cuando tienes que volver a ver a la gente (nunca sabes qué cadáver puede salir de qué armario) y eres más libre con completos desconocidos a los que nunca volverás a ver.

---

[*] Conviene ir con un documento de identidad personal y una prueba de los lazos familiares con el soldado o la persona movilizada cuyo rastro se busca.

El inconsciente es por definición no consciente. Es impermeable a la lógica verbal y desconfía de posibles filtraciones y sus consecuencias en la realidad.

Diversos seguimientos posibles del trabajo del genosociograma

Cada quien toma diversas medidas de seguimiento de este trabajo y de la creación de un genosociograma a lo largo de varias generaciones.

Algunos lo destruirán, lo quemarán, lo harán pedazos, lo guardarán, lo «olvidarán» y no volverán a buscarlo, ni regresarán a una sesión individual o en minigrupo para ver juntos los cambios que han ocurrido desde la primera fase de trabajo, o incluso mantener el impulso, a veces una vez al año, durante unos pocos años.

Tomemos dos ejemplos de un seguimiento del trabajo transgeneracional.

El primero es el de una mujer a la que llamaremos Denise. Considera su trabajo de dos días en su árbol genealógico y la reconstrucción de su verdadera historia familiar, a lo largo de varias generaciones, con todo señalado en el tablero en rojo, muy dramático. Y estalla: «Es horrible, esta familia, ya no la quiero, la llevo metida en la piel, ¡tengo que deshacerme de ella a toda costa! Pero ¿cómo? – Entonces pregunta–: ¿Puedes prestarme una cacerola o una olla?».

Asiento con la cabeza. Toma su gran dibujo de papel Canson, lo rompe con rabia –pero con cuidado– en pedacitos, los pone dentro, le prende fuego y lo ve arder, en nuestra presencia. Luego pide poder llevarse la olla ennegrecida con ella. Al día siguiente escribe desde su casa: «Tengo que plantar cactus en esa cosa negra y sucia, y enterrarla en el patio. Eso es lo que mi terrible familia merece...».

Denise finalmente se siente libre y liberada para hacer su propia vida: ha pasado página gracias a una acción simbólica.[*]

---

[*] De Françoise Dolto he adoptado la técnica de escribir o dibujar en un pedazo de papel lo que está mal, y luego quemarlo todo mirando las llamas.

Aquí tenemos otro ejemplo de un legado terriblemente dramático (los hay). Una mujer joven, llamémosla Charlotte, se siente abrumada por la desgracia, y por una buena razón: niños maltratados, sin amor, de generación en generación, y los rechazos que se repiten en la vida familiar así como en la suya propia.

Le sugiero que se fije en los resplandores de esperanza y las pequeñas líneas verdes de conexiones positivas de su historia personal (un buen vecino, una maestra de escuela, un profesor, una prima lejana, un médico). Y luego que desgarre su árbol y que reconstruya de memoria los aportes positivos de ayuda, afecto, esperanza, aliento; los refugios de gracia, incluso fugaces, de su vida; las manos tendidas que ha tomado. Charlotte se llevará ese dibujo, al igual que el rayo de esperanza y las muestras de amor que recibió, que le permitieron sobrevivir, diríamos que *resistiendo*, a pesar de todo.

Durante y poco después de la guerra, alrededor de 1948, el psiquiatra François Tosquelles dijo en el hospital de Saint-Alban (Lozère) que tenemos «polipadres» y «polimadres» que nos construyen tanto como nuestros progenitores reales, e incluso más. Volveré a esta cuestión, pero digamos aquí que podemos ampliar esta imagen a las manos que se extienden a veces y que ayudarán a un niño a sobrevivir, a tener esperanza, a crecer en madurez y a construirse o reconstruirse.

Recordando algunos puntos clave

Las fechas precisas son importantes, como claves y terminales de la memoria, para enfermedades, accidentes y rupturas repetidas.

Mitos familiares: las celebridades de la familia ayudan o dificultan la vida a la gente de hoy en día.

El genosociograma, por su representación gráfica de la historia familiar, hace que uno la capte de un vistazo y permite detectar las repeticiones, las apariciones de un «fantasma» mal enterrado, las identificaciones favorables o perjudiciales, los síndromes de aniversario.

Se trabaja en «caliente», desde la experiencia emocional y las reacciones corporales, psicosomáticas y somatopsíquicas.

Un genosociograma significa, para el sujeto que trabaja en él, destacar lo que la familia recuerda, lo que la construyó y lo que ha olvidado u omitido, lo cual es igual de importante. Uno se da cuenta entonces, con el tablero ya terminado, de que hay ramas omitidas de las que no sabemos nada, o de las que no se habla, y de si la familia se sitúa del lado materno (o paterno).

Los hechos importantes que se recuerdan son, por ejemplo, el reparto de la herencia, las muertes violentas u ocultas (suicidio), las «injusticias» verdaderas o falsas.

Es importante tener en cuenta el sexo, así como la edad. El hijo mayor es a menudo el primer hijo varón, sin importar el orden que ocupe entre sus hermanos. El niño que nace primero, si es una hija, suele estar en desventaja con respecto a su hermano o hermanos.

Finalmente, hay que indicar la edad en el momento de un acontecimiento importante: veinte años durante la Comuna de París (1871), diez años en 1914, gaseado en Verdún (1916), treinta años durante la crisis de 1929 y el colapso del mercado de valores, la guerra de Argelia, «prisionero de guerra» o *pied-noir*,[*] que llega sin nada a Francia a tal edad.

---

[*] N. del T.: *Pied-noir*: denominación con que se conoce a las personas de origen francés nacidas en Argelia durante el periodo colonial (1830-1962).

Comentario: Se podría decir que Jules inscribe en su cuerpo su enfermedad y riesgo de muerte, sus lazos transgeneracionales y su lealtad familiar: está afectado en los testículos como su abuelo paterno (APO) y recae con daño pulmonar como su abuelo materno (AMO, gaseado) y a la misma edad (39 años). Se opera, pero rechaza todos los demás tratamientos (quimioterapia, radioterapia, medicina de campo...) como si este hijo y nieto de carniceros no creyese más que en el cuchillo. Todas las mujeres de la familia son mujeres fuertes: ambas abuelas enviudaron jóvenes. Además, su padre era huérfano desde los 9 años y su hija corre el riesgo de quedar huérfana a los 9 años porque él se considera que está perdido, y su esposa también se arriesga a ser una joven viuda.

Hay una especie de «guion» o escenario repetitivo de muerte a los 39 años para el padre, con un niño de 9 años.

También se podría hacer una glosa sobre este José (APO) alcanzado en su virilidad y sobre la repetición de los nombres de las esposas (Marie-Anne y Anne).

Al «señalar» todo esto, intentamos «reenmarcar» y cambiar nuestro «guion» de vida de perdedor (que murió joven) a la vida de un ganador: podemos amar a nuestro abuelo sin morir como él a la misma edad.

△ Hijo   ○ Hija   (P) Padre   (M) Madre   □ Sujeto enfermo   △ Hijo mayor   △ 3er hijo

112

La vida comienza en la concepción, y depende del entorno familiar, de la clase social y de cómo se sea clasificado externamente

La vida comienza en la concepción

El momento de la concepción y lo que sucede entonces para los padres es importante para comprender la vida familiar: niño deseado, no deseado, «amado» o concebido con violencia, niño de «reparación», de reemplazo, varón largamente esperado después de una larga serie de hijas... o también «el accidente» que «obligó» a sus padres a casarse.

Podemos ver que la fecha de la concepción probable (o recuperada) no suele ser aleatoria, ni tampoco el aumento de la fertilidad de las mujeres en ese preciso momento.

A veces se vincula con un evento local importante, como un festival del pueblo o la partida de los reclutas. A veces, los médicos dicen que se desencadena por un placer inesperado en el momento del coito conyugal o de otro tipo, que provoca una nueva ovulación. Suele ser una fecha memorable, ligada al inconsciente familiar, como una especie de «secreción» del intrapsíquico arcaico ancestral, que habría sido reprimida o negada, y reaparece varias generaciones después.

También está el caso del niño concebido por violación: por el enemigo en tiempo de guerra; por un extraño (un merodeador, un transeúnte, en el campo); por alguien que irrumpe en casa; en un barrio semidesconocido; una violación en grupo, etc.

La madre, a menudo una chica muy joven, puede decidir abortar, dejar nacer y morir, dar en adopción, o mantener al niño sin amarlo o mintiéndole sobre sus orígenes: todas las soluciones son fuentes de problemas.

En las búsquedas familiares, a menudo ha habido algún caso de abuso de autoridad por parte de un jefe con una criada o una niña de acogida que será echada a la calle.

El niño nacido de un padre desconocido (el «bastardo», el hijo de la hija convertida en madre) tenía una vida difícil y sus descendientes hoy en día a menudo llevan con ellos el estigma (sí, todavía en el siglo XXI...). El contexto de la concepción tendrá por lo tanto un impacto en la recepción dada al niño, así como en las exhortaciones y predicciones que se le harán en la cuna.

Las predicciones hechas en la cuna

Recordemos el cuento de la Bella Durmiente: un hada malvada, para vengarse por no ser invitada a la fiesta, predice que a la edad de dieciocho años la niña se pinchará el dedo con un huso y morirá. Un hada buena convierte esta predicción en: «Te pincharás el dedo con un huso y dormirás hasta que el beso del Príncipe Azul te despierte».

Tomemos un caso clínico. «¡Verás con este...!», dijo una suegra a su nuera, aunque ¡el bebé solo tenía unas pocas horas de vida!

Annick, cuyos padres discutían continuamente, cargaba con una culpa dentro de sí: se sentía responsable de obligar a sus padres a casarse, ya que fue concebida al azar en una tarde de verano... Cada discusión reavivaba su culpa, y su madre le confirmaba ese pensamiento, diciéndole que si no hubiera estado embarazada, ¡nunca se habría casado con ese hombre!

El contexto en el que llegó el bebé y el nicho ecológico. El nido y sus tormentas

Baño de sonidos, envoltura sonora *en el útero* y en los primeros meses, contexto sensorial fundamental y total durante los primeros meses del niño, a veces multilingüe.

Las rimas infantiles y las canciones de cuna son parte del sustrato que crea la identidad de un niño y también de una familia, y son parte de una cultura de caricias y de contacto. Por otro lado, puede haber frialdad y distancia del niño *en el útero* y después de su nacimiento.

Un niño puede llevar la cuenta en el útero de los golpes que su madre recibió durante su embarazo por parte del padre/marido celoso.

Recordemos que el embarazo es a menudo la etapa que desencadena la violencia conyugal. El niño integrará tanto gentileza como palabras, lenguaje y música.

Entorno social y rituales regionales

El entorno local, los rituales sociales y familiares, las costumbres y los usos de una zona pueden pasar a formar parte la transmisión generacional. Así como las rencillas entre vecinos (en el campo, no se vende la tierra a cualquiera). En algunos pueblos, dos familias llevan enfrentadas varias generaciones y ya nadie sabe por qué. No puedes romper la cadena, y ten cuidado con los amores imposibles (Romeo y Julieta, los Montesco y los Capuleto) ¡de dimensiones locales!

Impacto de la clase social en la vida personal

Existe una transmisión desigual de la distancia social y de la calidez de las relaciones humanas según el idioma que utilice la madre (o sustituta) para el bebé y niño de corta edad, pero también entre adultos. De esta forma, se es más cordial, más próximo físicamente y más gestual, en ruso, portugués (*abrazzo*) y en árabe que en inglés o francés.

Es importante, como ya he dicho, dejar claro cada vez quién vive con quién («bajo el mismo techo y comiendo de la misma olla») y quién educa a quién. Así que a veces podemos descubrir que no es la madre, sino la abuela o alguien más, y que luego esa situación se repite a menudo de madre a hija... en algunas familias.

El idioma que se habla en casa es a veces diferente del que se habla en el país en que se vive

También se debe especificar el «diminutivo del bebé» y el lenguaje utilizado para las canciones de cuna y las palabras de cariño al nacer.

Esto a menudo lleva al descubrimiento de una doble cultura y dos idiomas hablados en casa, a veces con dos nombres de pila. Esto crea diferencias (cuerpo, corazón, espacio-tiempo) en cada idioma y con cada nombre o diminutivo de la infancia.

A menudo vemos el rastro de esto a lo largo de varias generaciones de pacientes de trasplantes o personas que han «cruzado la línea» de color, religión, creencias, opiniones políticas, países, gustos y hábitos culinarios, traicionando su cultura básica.

El papel que le corresponde al niño

Bienvenido o no, en un clima de benevolencia o tensión, al bebé se le atribuye muy temprano un papel al que a menudo se mantendrá fiel: consolando a su madre por la partida de su padre (siendo el «maridito de mamá»), siendo el último o incluso designado para hacerse cargo del negocio familiar, convirtiéndose en el «apoyo en la vejez» de los padres, debiendo cuidar de ellos o de los abuelos...

Durante sus expediciones polares en el territorio de los *inuit* con Paul-Émile Victor, el antropólogo médico y psicoanalista Robert Gessain se fijó en que el hijo de un cazador-pescador muerto en un banco de hielo heredaba su cuota de caza, además de la suya propia, así como el rol dentro de la familia y la comunidad. Por ejemplo, al llegar un extraño al iglú, la madre se siente obligada a pedir permiso al jefe de familia. Se dirige a su hijo, que «representa» al padre (y al abuelo): «Si lo permite, lo invitaremos». Eso no impedirá que luego, en otro momento, trate al niño como a un niño.

Ser la madre de su madre

La experiencia clínica nos muestra que no es fácil vivir según los propios deseos, cortar el cordón umbilical, no enredarse en la parentificación. La parentificación significa que uno o más niños asumen el papel de uno de sus padres o de ambos.

Tomemos el ejemplo de Germaine.[1] En su familia, se le ha asignado el papel de cuidadora. Su propia madre, Jeanne, había sacrificado su vida para cuidar de su madre, Mathilde, abandonada cuando estaba embarazada. Después de la guerra, Germaine cuida de su madre durante unos veinte años. Tras la muerte de su madre, se ocupa de uno de sus vecinos, que es víctima de un accidente de coche. Su propia hija, por razones de organización familiar, le confía a sus hijos pequeños. Luego, tras la muerte de su nuera, Germaine cuida de sus nietos. Entonces, su hijo, que se encuentra en una situación complicada, viene a «ocupar» la casa familiar, en la que muere prematuramente. Finalmente, Germaine se ocupa de varios niños con dificultades escolares, siempre los hijos de otros.

Influencia de la clase social de pertenencia, de sus costumbres y hábitos

Los trabajos de antropología social de Claude Levi-Strauss sobre las reglas de parentesco, y especialmente los de Françoise Héritier, nos enseñan que hay reglas matrimoniales fijas en todas las sociedades y que consciente e inconscientemente las seguimos. De hecho, rara vez rompemos la lealtad familiar en relación con el linaje y la tradición. Por supuesto, hay ocasiones en que esas reglas se rompen y una generación se opone en eso a la anterior.

Remitimos al lector a los cursos del Collège de France y a la obra de Héritier, en particular sobre las sociedades africanas y polígamas, de las cuales tenemos algunos grupos en Francia, así como al libro de Alain Girard *Le Choix du conjoint* [La elección del cónyuge].

Nunca es fácil «traicionar» a tu clase social y tu origen: casarse con un «plebeyo», quebrar en una familia rica o, por el contrario, convertirse en médico cuando eres hijo o hija de un trabajador. Es difícil traicionar a una familia en la que se ha sido panadero, notario o militar desde hace cinco generaciones...

Las frases a menudo comienzan con: «En casa...» o, como en la canción de Jacques Brel: *Chez ces gens-là* [Esa gente]. Escuchemos la historia de Catherine, que dice, con orgullo: «En mi familia, las mujeres mueren de pie». Su bisabuela, granjera y esposa de granjero, tuvo una vida de sufrimiento y trabajo en una familia en la que las mujeres no sabían leer ni escribir, pero sabían contar.

Cuando la abuela de Catherine se rompió la pierna izquierda al caer de una carreta de heno a la edad de once años, la volvieron a poner de pie diciendo «¡se pasará!», sin ningún cuidado, apenas el mínimo. La abuela cojeó toda su vida de esa pierna tan mal curada. El tío de Catherine, por cierto, se casó con una mujer con una grave coxartrosis en el mismo lado que su madre.

Una semana antes de su decimoprimer cumpleaños, Catherine se fractura la pierna izquierda. Es una mala fractura de tibia que no se está curando bien. Tanto es así que después de dos meses de inmovilización, cuando por fin se le quita el yeso, Catherine se pone de pie sin preocuparse por la rehabilitación: «¡Ya se pasará!» le dicen. Mantendrá un pie torcido y un paso de «pato» toda su vida.

Años más tarde, será su propio hijo quien se rompa la espinilla izquierda a la semana de cumplir once años. Pero esta vez tendrá derecho a más cuidados.

Sin embargo, en la familia de Catherine, «no vamos al médico». La abuela murió de un cáncer de mama no tratado. Catherine es adepta a la automedicación, la medicina alternativa y todas las técnicas preventivas, y no tolera a los enfermos que se cuidan, que considera «unos débiles y unos quejicas».

Tiene problemas para traicionar a su linaje de sangre: «En casa, morimos de pie».

El ambivalente fracaso del niño inteligente

Vincent de Gaulejac estudió los fracasos escolares, las omisiones o los exámenes perdidos de gente inteligente y trabajadora que, ese día, no puso el despertador y por lo tanto llegó después del cierre de las puertas; o que llegó sin documentos de identidad ni otros justificantes necesarios; o que sufrieron un «lapsus de memoria» y entregaron copias en blanco cuando se sabían perfectamente el tema... En resumen, hicieron todo lo necesario para fracasar.

Lo vinculó con personas cuyo padre, madre o ambos no tenían el nivel de educación que ellas buscaban y para el cual se habían preparado, como si se dividieran entre el deseo expreso de sus padres de progresar social y culturalmente, y su temor tácito de ser obstaculizados y rechazados si tenían éxito y cambiaban su entorno. El niño, el adolescente, el joven adulto, desgarrado, prefiere el fracaso a la temida ruptura familiar o a la traición. A menos que estén confundidos por la ansiedad familiar y la ambivalencia, y traten de responder «fallando estúpidamente», es decir, respondiendo inconscientemente al deseo ambivalente y la profunda angustia de los padres. Emerson solía decir: «Tus pensamientos gritan tanto que no puedo oír lo que estás diciendo».

Pero la «neurosis de clase», como la llama De Gaulejac, a veces comienza en la infancia y generalmente a la edad en que el padre ha dejado la escuela. Se puede demostrar, tratar y superar.

La jerarquía social y el orden de picoteo

El orden de picoteo es la «jerarquía del derecho a la alimentación y el castigo»: el de dar «picotazos», que a veces son mortales.

En todo el trabajo psicogenealógico y transgeneracional, es importante conocer los diversos abusos de poder, es decir, la forma en que las personas, sus padres y sus abuelos han sido criados, especialmente en el caso de niños a los que a menudo pervertidos les han pegado y maltratado (debe observarse de paso que un padre maltratado en el trabajo puede a su vez convertirse en un maltratador en casa).

Este es el principio mismo del orden de picoteo, de picotazos punitivos, que desciende por la escala de la jerarquía social.

El zoólogo noruego Thorleif Schjelderup-Ebbe, que desarrolló este concepto, ha estado trabajando en el tema de la priorización en las acciones humanas y animales.

Observando los corrales, descubrió que la jerarquía dicta que todas las gallinas no se precipiten al mismo tiempo cuando se distribuye el grano. La que coma primero tiene derecho a picotear a todas las demás.

La segunda recibe picotazos de la primera, y picotea a su vez a las que están por debajo, de acuerdo con una jerarquía obvia, y la última gallina de la cadena se automutila o bien la emprende contra los polluelos.

Este patrón también se puede observar en el ejército, en algunas organizaciones laborales y en la jerarquía social animal y humana.

A menudo es importante saber dónde se está en la jerarquía social, y también en un linaje, para saber de dónde vienen los «picotazos», y si podemos actuar más inteligentemente que los pollos y «detener» la transmisión. Entonces, ¿cuáles son los obstáculos que nos empujan a desempeñar el papel de «correa de transmisión»?

Familias supuestamente normales, neuróticas o incluso perversas...

Según la definición de Laplanche y Pontalis, la neurosis familiar se refiere al «hecho de que, en una familia determinada, las neurosis individuales se complementan entre sí, se condicionan mutuamente, con el fin de destacar la influencia patógena que la estructura familiar, principalmente la de la pareja principal, puede ejercer en los hijos. [...] René Laforgue insiste en particular en la influencia patógena de una pareja paterna constituida según una cierta complementariedad neurótica. Pero hablar de neurosis familiar tiene que ver menos con enfatizar la importancia del entorno que con el papel que desempeña cada miembro de la familia en una red de interrelaciones inconscientes».

La elección del nombre de pila

Es importante conocer todos los nombres de pila. El nombre de pila a menudo proporciona claves importantes para la psicogenealogía y el genosociograma, así como para entender lo que está en juego en la familia para el niño.

Puede ser una pista que indique el hijo adulterino de un progenitor secreto (el niño puede recibir el mismo nombre de pila u otro elegido a partir de las iniciales del padre secreto, por ejemplo). El primer nombre puede recordar a un antiguo prometido que murió en la guerra o a un «novio» descartado por la familia.

Puede ser un nombre familiar o un nombre con historia. Los niños a menudo «montan una película» acerca del nombre con el que se identifican.

Puede ser el de un hijo muerto o un padre que murió cuando era niño y crear vínculos subyacentes, a veces trágicos, con un hijo previamente muerto al que no se menciona.

El hijo a veces será *un hijo de sustitución* que nunca permite olvidar al hijo original o un *hijo restaurador* (como lo fue Freud) que devuelve la esperanza y la vida a la familia.

La elección del nombre de pila no es aleatoria: puede entenderse, incluso descifrarse, solo a partir del contexto, e indica la pertenencia a una clase cultural, socioeconómica, religiosa, étnica o política.

Las clases ricas con frecuencia ponen nombres de pila clásicos, tradicionales, familiares o católicos, a los que a menudo se les añade el nombre de María (tanto para niños como para niñas), o el del santo patrón del día del nacimiento.

Algunos emigrantes recientes dan un nombre de pila complicado, «americano», de estrella del pop, de una famosa de la televisión, de un personaje de telenovela, de una estrella del fútbol...

El nombre de pila también puede ser simple y llanamente inventado, lo que a menudo llevará al niño a ser objeto de burlas en la escuela e interferirá en su escolaridad y su desarrollo. Los padres parecen no ser conscientes de las posibles reacciones de otros niños en la escuela y de que al cargar demasiado las tintas del nombre de pila política, religiosa o étnicamente, tendrán —de hecho, especialmente el niño— dificultades. Así, una Marie-Ève no sabrá a qué santo encomendarse, ni Bazuca (no me lo estoy inventando...), ni tampoco Madonna, Mat Kolik ('mi cólico') y muchos otros que han hecho sufrir a los niños, a veces hasta el punto de que se convierten en niños y niñas cabezas de turco y llegan a odiar la escuela.

A menudo, en las familias tradicionales, por lo menos en Francia, el niño recibe los nombres de pila, sucesivamente, de cada uno de los abuelos y de la madre, los padrinos o el primer nombre de un niño muerto —para los padres (el hijo de reemplazo)—.

El nombre de pila que luego se usa habitualmente no siempre es el primero, ni siquiera uno de los nombres de pila recibidos. En algunas regiones, incluido el centro de Francia, los niños a menudo descubren con ocasión de la muerte de su padre o su madre que la oficina del registro civil le daba un nombre de pila que ellos nunca habían oído a sus padres: «Todos lo llamaban Henry, pero su verdadero nombre era Martial».

Muchos emigrantes dan a sus hijos un doble nombre de pila, el originario de su país o grupo étnico y un nombre «francés como todo el mundo», tanto que los niños tienen un «mundo» para el hogar y la familia, y otro diferente para la escuela y la vida profesional.

También hay una moda para los nombres de pila. Es esto que Jacques Dupâquier estudia en *Le Temps des Jules: étude statistique sur les prénoms fréquents au XIXe siècle* [Los tiempos de Jules: estudio estadístico de los nombres frecuentes en el siglo XIX]. El siglo XIX es el siglo de Jules Ferry y otros muchos Jules, mientras que el XXI será más bien de los Julien. Hoy observamos una fuerte influencia de los programas de televisión en la elección de los nombres de pila.

Es interesante conocer la herencia familiar y la razón de la elección del nombre de pila. A menudo descubrimos entonces la influencia en la madre de novelas o canciones de la época... o de posibles secretos.

Protestantes, judíos y musulmanes a menudo dan nombres bíblicos (Mary, Myriam, Meyriem). Frecuentemente los católicos creyentes añaden Marie al nombre de sus hijos o hijas (por ejemplo Marie-Pierre o Jean-Marie).

Todo niño se imagina la historia de su nombre y a menudo se identifica con él. A veces este le horroriza hasta tal punto que se le pega a la piel y *le produce urticaria*. Pero tampoco se siente cómodo ante la idea de cambiarlo. Por otro lado, se produce una cierta identificación con determinados nombres (de pila), en particular un vínculo con un pariente ya sea cercano o lejano, conocido o no, que viene a ser como un ángel de la guarda, o con el santo del nombre para los que son católicos.

La atribución del segundo nombre también puede ser relevante, así como a veces los sobrenombres.

Tomemos el caso de Karine, de veinte años. Estudiante de enfermería, seria, vive y estudia en provincias. Acaba de tener dos accidentes de coche sucesivos, con una semana de diferencia. Aunque ella no sufrió daños, los coches, ambos prestados, quedaron convertidos en chatarra...

Las investigaciones familiares revelaron un síndrome del aniversario: su tío, el hermano de su madre, al que nunca conoció, había muerto a los veinte años en un accidente de coche a la salida de un club nocturno. La madre de Karine se ponía muy ansiosa en cuanto su hija se subía a un coche y regularmente reiteraba sus consejos de prudencia: «No debes dejar que te pase lo mismo que a Frédéric». Por supuesto, el segundo nombre de Karine era Frédérique...

Los libros sobre el significado de los nombres de pila que se venden en tiendas y supermercados son normalmente fantasiosos y ofrecen una «caracteriología» (lo cual no es nada científico, ¡hay que decirlo!). Sin embargo, algunos los toman al pie de la letra, al igual que las predicciones astrológicas de los periódicos, o como la palabra del Evangelio...

Momentos decisivos en la vida

Para Marc Fréchet,[*] ser adulto es al mismo tiempo ser capaz de cortar el cordón umbilical con la familia y responsabilizarse económicamente de uno mismo. La edad a la que uno asume la responsabilidad económica crea un ciclo repetitivo que es interesante observar, así como es interesante observar la repetición de eventos traumáticos, por ejemplo una ruptura importante en cada ciclo.

---

[*] Conozco los trabajos de Marc Fréchet gracias a una colega y amiga, Odile Ouaché (París).

El final de la vida y despedirse

Antiguamente, te despedías de los amigos y conocidos cuando te marchabas del lugar donde vivías. Igual que te despedías de los tuyos antes de morir. Así es como comienza una fábula de La Fontaine: «Un día, un jornalero, sintiendo que su fin estaba cerca, llamó a sus hijos...».

Despedirse antes de morir y encontrar la fuerza para hacerlo todavía se practica en el siglo XXI. Recordemos que el cardenal Lustiger, en agosto de 2007, en la víspera de su muerte, fue a la Academia Francesa, de la que era miembro, para despedirse de sus compañeros.

CAPÍTULO X

La memoria familiar, olvidos y la reconstrucción

El pasado reexaminado

La memoria de cada persona y de cada familia es una memoria reexaminada: hoy miramos atrás a lo que ocurrió en el pasado con reordenamientos relacionados con el impacto del inconsciente (si el inconsciente fuera consciente y accesible, no sería el inconsciente...). El pasado que nos decimos y nos contamos es por lo tanto un pasado distorsionado, percibido a través de nuestras gafas actuales, las del siglo XXI. Probablemente sea diferente de lo que la familia ha vivido.

También está el impacto de las lealtades familiares que nos hacen tender a olvidar los horrores del pasado y las malas acciones de nuestros antepasados y a magnificar los detalles que han pervivido en las sagas familiares. O, para nadar y guardar la ropa, a omitir cualquier cosa que pueda dañar o afligir a los padres o abuelos que aún viven (como el incesto, la «bastardización», las quiebras, las traiciones, estar del lado equivocado de decisiones políticas o históricas, los actos de vandalismo o diversos abusos, incluidos los financieros, sexuales y de poder).

La memoria nos juega malas pasadas a todos.

Tenemos la familia que tenemos

Sin embargo, los hechos son obstinados, y tenemos la familia que tenemos. Es mejor saberlo, porque es la única manera de superar el dolor o el horror de un pasado familiar con sus altibajos, como en todas las demás. Cada familia tiene un cadáver en el armario, aunque no lo sepan y haya sido cuidadosamente escondido.

En *Avant mémoire* [Antes de la memoria], Jean Delay escribe: «Los días van pasando, vamos viviendo nuestras vidas, siempre ocupados, y nos olvidamos de preguntar sobre el pasado lejano a aquellos que podrían habernos dado información. Cuando nos damos cuenta están muertos. Péguy decía que la memoria de una generación se detiene en "el muro de los cuatro", formado por los abuelos. Más allá de ese muro comienza un conocimiento más o menos incierto, con más o menos lagunas». Añadiría que incluso la propia memoria, como la de la familia, no es más que la construcción actual de una historia pasada y por lo tanto, en parte, ya olvidada y reconstruida.

¿Qué podemos transmitir a nuestros descendientes, estudiantes, alumnos y amigos? Como mi primo pequeño Jacques Polo me dijo una vez: «Sabemos que hemos heredado un patrimonio que es a la vez genético, sociocultural y ético ("gen-ético") que estamos transmitiendo más o menos conscientemente y más o menos concienzudamente. Lo que nos eleva por encima de un animal es esta habilidad que el hombre ha desarrollado a lo largo de las generaciones para reflexionar y transmitir sus pensamientos».

Reconstruir el pasado personal siempre es peligroso

La reconstrucción del pasado personal y familiar es siempre un ejercicio peligroso.

Las trayectorias sociales de los individuos son particulares y a menudo «plagadas» de altibajos, diversos traumas, bien o mal gestionados, y dinámicas sociales y económicas específicas de cada ser y cada familia.

Mi generación es la de la gran crisis económica de 1929 (colapso de la Bolsa de Nueva York y desempleo mundial) y la de la guerra, la maldita guerra de 1939, la derrota, la debacle, la ocupación, la resistencia. Durante la guerra, supe muy pronto y muy rápidamente que lo que parece normal nunca, o rara vez, sucede...

Es normal que lo que es normal y esperado no ocurra porque los acontecimientos externos lo han impedido, que las cosas que se creían estables solo permanezcan en un equilibrio cuasiestacionario y que el más mínimo incidente las transforme y las haga moverse. Pero podemos seguir esperando y eso se producirá más tarde, y de otra manera.

Freud y las sonatas

Freud enfatizó la importancia de las repeticiones musicales en sus notas a pie de página, sobre la importancia de la perlaboración, del trabajo en uno mismo y de la repetición: es necesario trabajar y volver a trabajar problemas y síntomas en la psicoterapia, en psicoanálisis, como puede verse en una sonata en la que el mismo tema melódico se toca, se trabaja y se expresa varias veces en diferentes niveles, en diferentes tonos.[1]

Esto requiere una buena capacidad de escucha del analista y una buena aceptación de la insuficiencia de solo una terapia puntual de por vida, por parte de personas en principio bien analizadas (pero ¿quién puede pensar en estarlo completamente y de por vida?), y la aceptación de que un equilibrio solo puede ser un equilibrio cuasiestacionario y por lo tanto no definitivo, como enseña el psicosociólogo Kurt Lewin, creador de la dinámica de grupos.

Duelos no realizados

Muchos de nosotros sufrimos de un duelo no realizado, personal, familiar, transgeneracional o incluso cultural-nacional. Para mí, el trabajo del duelo necesita varios años; un duelo inacabado después de dos o tres años sigue siendo una tarea pendiente que nos mortifica y tiene que ser completada y acabada.[2]

El caso de los migrantes

Cierto número de personas no tienen acceso a la memoria de su familia: todos los niños expósitos, muchos niños adoptados, los huérfanos supervivientes a desastres o genocidios que han perdido a toda su familia, y muchos inmigrantes-emigrantes.

Su situación queda muy bien resumida en una carta personal de la psicoterapeuta estadounidense de origen europeo Zerka Toeman Moreno, que recibí en julio de 2007:

Querida Anne:

En tu último libro sobre transgeneración y psicogenealogía encontré algo que me dio mucho que pensar, porque mis antepasados se remontan únicamente a una abuela cuyo nombre llevo; la siguiente generación de ambos lados son emigrantes como ella misma, lo que significa que carezco de información complementaria sobre ellos. Esto pone al inmigrante y a sus descendientes en una categoría especial de historia familiar rota. Para tratar de reconstruir esta historia, tendríamos que hacer una muy larga y difícil investigación. Además, muchas de las fuentes y referencias del este de Europa se han perdido, sin mencionar el hecho de que muchos judíos ocultaron o cambiaron los nombres de sus hijos y las fechas de nacimiento. Así que hemos perdido todas las conexiones y con ello las fuentes de información intergeneracionales. Es también el drama de los inmigrantes de hoy en día y el de muchos refugiados, causado por las dificultades internacionales y nuevos desplazamientos de población. Desgraciadamente, pobres de nosotros los humanos... Recibe un amistoso saludo,

Zerka.

Un gran número de emigrantes e inmigrantes se encuentran por lo tanto en la situación de no poder hacer ninguna investigación sobre su historia familiar. Sin embargo, podemos recordar que Freud dijo una vez que, de la misma manera que un arqueólogo puede reconstruir una pieza de cerámica a partir de un fragmento, también a partir de la memoria colectiva podemos reconstruir un entorno familiar, sociocultural y económico en su contexto y su nicho ecológico.

Las reacciones de María

En mi forma clínica de trabajar con la transgeneración, la psicogenealogía y el genosociograma, también realizo hipótesis basadas en las reacciones corporales, psicofisiológicas y cinéticas de la persona que trabaja en su historia familiar.

Por ejemplo, durante un trabajo clínico en París con María, que es originaria de Europa central, de repente recordó haber sentido cosas extrañas durante un viaje, al ver una llanura de abedules bajo las alas del avión y luego al soñar con una masacre en un bosque de abedules. Por asociación de pensamientos, sitúa este bosque en la gran Rusia del Imperio soviético y hace la conexión con las masacres de judíos durante la última guerra.

CAPÍTULO XI

Cuando se trabaja a solas

Mucha gente hace el trabajo de investigar su verdadera historia familiar y su significado por su cuenta. Hay muchas razones para ello: deseo de independencia, vivir lejos de cualquier gran ciudad con especialistas, razones económicas, etc.

Por lo tanto, trataré de describir aquí, en consideración para estas personas, muy brevemente, un «método» simple.

Se empieza trabajando de memoria, porque lo que nos ha constituido y definido es lo que conocimos en la infancia y la adolescencia.

Se retrocede en el tiempo a los abuelos de los abuelos. Se intenta volver a la Revolución francesa de 1789 o al Terror de 1793.[*]

Hay que descansar y volver a empezar al día siguiente pensando en cualquier sueño que se haya tenido mientras tanto. Algunos son fáciles de interpretar y nos darán las llaves y las pistas que necesitamos.

---

* Ver nota al pie en página 107.

Después, usar lápices de colores y trazar un vínculo rojo o verde entre los hechos y sucesos notables.

A continuación, completar el genosociograma, siempre de memoria.

Es necesario prestar atención a las señales que el cuerpo envía en ciertos momentos, como una ola de calor; un escalofrío; «juguetear» con anillos, alianzas o collares; tocarse el pelo; el deseo de vomitar o correr al baño, de recoger o quitar una chaqueta, etc., y tratar de entender.

Una vez realizado este trabajo de memoria, hay que buscar hechos y fechas y los nombres de las personas que podrían haber guardado los papeles de la familia, los libros de familia, las cartillas militares, etc., en resumen, que actuarán como «secretarios» de la memoria familiar. A menudo, encontraremos parientes lejanos que ya han realizado investigaciones familiares y un árbol genealógico, o antiguos vecinos, amigos, médicos o notarios que han respondido a sus preguntas o han resuelto sus enigmas, o que conocían los acontecimientos pasados y los secretos de familia.

No es fácil conocer la realidad que hay detrás de las apariencias «suaves». Pero si se tiene este libro en las manos, no es precisamente por casualidad; probablemente corresponde a una profunda necesidad o a una búsqueda, una petición, la necesidad de saber o iluminar algo que nos perturba, con objeto de ser curados de preocupaciones, problemas, accidentes, enfermedades o malestares repetitivos.

Si se puede trabajar solo con el enfoque psicogenealógico, sería sin embargo muy útil, en mi opinión, conseguir ayuda, aunque únicamente sea para evitar caer en la trampa común de dar sentido a algo que no es más que pura casualidad o coincidencia.

También se puede proponer a hermanos, primos u otros familiares hacer un árbol genealógico familiar juntos reuniendo lo que todo el mundo conoce y descubre, evitando los temas polémicos. Hemos de proponerlo de manera que nadie quede expuesto.

Pero cuidado: hay que guardar para uno mismo los descubrimientos y el propio genosociograma —no hay que presentárselo a la familia reunida—, pero añadamos, discretamente si es necesario, nuestra piedra al edificio de los demás y dejemos que se expresen ante nosotros.

CAPÍTULO XII

Espacio seguro y seguridad básica

Seguridad básica

El ser humano se construye a partir de una experiencia de «seguridad básica».

El niño nace *sin terminar* y necesita que sus padres, o las personas que actúan como padres, lo protejan y lo alimenten, así como aprender a hablar, a caminar, a expresarse, a tener confianza en sí mismo y a socializar.

Como mínimo, necesita, en palabras de Donald W. Winnicott, «una madre lo suficientemente buena» para sobrevivir.[1]

Los primeros pasos son importantes

Una pintura poco conocida de Vincent van Gogh expuesta en el Museo Metropolitano de Arte de Nueva York muestra a un niño que aprende a caminar en la casa de sus padres, campesinos. La madre, inclinada y enmarcando al niño con sus brazos, lo apoya y lo ayuda a llegar hasta el padre, que extiende sus brazos, agachado a su altura.

Los detalles son fundamentales para entender la seguridad básica: los padres se ponen a la altura del niño y la madre crea el vínculo con el padre empujando suavemente al niño hacia a él. La presencia de ambos es importante en este momento crucial del desarrollo del pequeño.

Esta seguridad básica y una relación real con sus padres es probablemente aquello de lo que el pobre Vincent careció en su primera infancia. Por lo demás, sufrió, sin saberlo, un secreto familiar, el de ser solo el «hijo sustituto» de un hermano muerto, cuyos nombres de pila llevaba. No solo nació el mismo día que su hermano, sino que lo descubrió por casualidad cuando fue al cementerio, donde vio «su» propia tumba —una impresión enorme— hasta que se dio cuenta de que no se trataba de él por el año de nacimiento, que era distinto del suyo.

Van Gogh nunca encontró su lugar bajo el sol, nunca vendió un cuadro mientras vivió, estuvo deprimido toda su vida y terminó suicidándose.

El *holding* de Winnicott

Para poder expresarse libremente, es importante sentirse libre, animado, apoyado y no juzgado, en un espacio donde nos sintamos totalmente seguros y en un momento de la vida o un día en el que estemos dispuestos a hacerlo.

Ser capaz del *holding* de Winnicott significa para un cuidador poder apoyar y escuchar con seguridad tanto el sufrimiento como las dudas o a veces las acciones criminales del otro. Es ser capaz de escuchar y aceptar todo lo que el otro tenga que decir y contener, sabiendo que «escuchar» no significa «aprobar». Saber y poder «contener» es apoyar y proporcionar una oportunidad para el que se expresa de sentir que no le sucederá nada malo si se «abre» y se suelta para hablar de él y de lo que le ocurre. Se trata de ser capaz de escucharle todo al otro.

A este facilitador «ayudante», psicoterapeuta, psicoanalista, formador o «terapeuta» con experiencia y buen clínico, Winnicott lo define como poseedor de la capacidad de «contener» emociones fuertes y de prevenir un colapso total y peligroso de la persona.

Llama *holding* a esta capacidad, que no es nada fácil de implementar.

El espacio seguro de Kotani

El terapeuta e investigador japonés Hidefumi Kotani, mientras tanto, está trabajando en el concepto de *safe space*, que puede traducirse como 'espacio seguro'. Demostró que, en ausencia de un sentido de seguridad total, es imposible crecer, para convertirse en un adulto, o incluso hacer una psicoterapia, porque entonces ya ni siquiera tenemos la posibilidad de pensar y hacer las asociaciones de pensamientos que nos ayudarán a progresar.[2] Esto es lo que en psicogenealogía llamamos lo «impensado genealógico». Es un bloqueo a menudo vinculado a una prohibición familiar y a secretos de familia.

Para permitirse pensar, para permitirse decirle a un testigo o a un psicoterapeuta lo que corta la respiración o hace llorar de rabia, hay que estar seguro de la confidencialidad, de un espacio seguro, es decir, un espacio de total confidencialidad y total secreto con respecto al mundo exterior, un lugar donde se puedan expresar los sentimientos de ansiedad y angustia, donde se pueda «bajar la guardia».

Según Kotani, es posible construir ese espacio dentro de uno mismo, desde el que se puede interactuar con los demás sin sentirse amenazado por sus expectativas, sus dudas, su indiferencia o incluso su amor u hostilidad. Mejor aún, debemos ser capaces de encontrar este espacio de nuevo en cualquier momento, volver a convocarlo si es necesario. Lo primero que hay que hacer es sentirse físicamente seguro, un poco como el santuario que las iglesias una vez ofrecieron. Es necesario, porque crear un espacio psicológico seguro requiere mucha energía e intercambio de información con el mundo exterior. Lo segundo es no dejarse encerrar en este espacio de seguridad total y encontrar la fuerza para salir de él, para luego poder regresar mejor.

A menudo trabajamos en grupos reducidos. Por lo tanto, para la seguridad de todos, es necesario establecer un marco para el funcionamiento del grupo y el trabajo de psicoterapia, psicogenealogía o genosociograma.

Recordemos que si bien, como señalé en el capítulo anterior, uno puede hacer este trabajo solo, es más provechoso hacerlo con alguien para tener una escucha y un eco, y preferiblemente en un grupo reducido de dos o tres personas, de manera que el trabajo de una despierta la memoria de la otra y a veces complementándolo como por casualidad, que es clínicamente, en psicogenealogía, la serendipia.[3]

Seguridad básica a través del tacto

Para el investigador británico-estadounidense Ashley Montagu, la primera seguridad básica se establece entre la madre y el niño a través del tacto.

En esto, ha retomado el trabajo de H. F. y M. K. Harlow en pequeños chimpancés criados sin madre pero con maniquíes, ya sea cubiertos con tela o llevando biberones con leche, y demostraron que en caso de susto, la cría se refugia en los brazos de la «madre» de piel suave y no en los de la «madre» lactante.

Montagu también retoma el trabajo de Hammet sobre las ratas de laboratorio y demuestra que, en ciertas condiciones de ablación experimental de la tiroides y paratiroides de ratas albinas, las que habían sido tocadas o acariciadas sobrevivieron significativamente mientras que todas las demás murieron. También demostró que el embrión de ocho semanas de edad está inmerso en una cuna profunda que le da una existencia acuática, con una piel que tiene la capacidad de resistir la absorción de demasiada agua y responder adecuadamente a cualquier cambio físico-químico, neurológico y de temperatura. A las ocho semanas de la concepción, el embrión ya está reaccionando a lo que sea que le esté molestando. La piel sería tan importante como el cerebro en la *construcción* del ser humano y su seguridad.

Recordemos los trabajos de Kuo con gatitos acoplados de dos en dos, uno corriendo libremente y arrastrando al otro gatito en un carruaje, transportado de forma pasiva, por lo tanto, y aislado de cualquier contacto físico con el suelo. Cuando crecen, los gatitos transportados no tienen sentido de espacio y profundidad, y no pueden saltar o evitar caer cuando están en alto, por ejemplo sobre una mesa.

El trabajo de Montagu preparó el camino para una concepción complementaria de la psicosomática: es a partir de la piel y el contacto de la piel como se conforma lo esencial del ser, para bien o para mal. También está en el origen de la difusión del *homonculus motor*[4] y de la demostración de la importancia de las habilidades motoras, la quinesia y la piel en el desarrollo y la socialización humana.

Recordemos aquí que cuando algo en el campo del tacto y, por lo tanto, del olfato, ocurre en los animales, la madre ya no reconoce más por ejemplo al gatito que fue acariciado por los humanos y lo deja morir.

El idioma francés tiene incluso una expresión típica, la del *ours mal léché* (oso mal lamido), para hablar de un individuo mal socializado. A menudo, nunca encuentra lo que perdió en la infancia, es decir, la facilidad vinculada al estrecho contacto físico entre el recién nacido y la madre, separados por cualquier razón de manera temprana, generalmente debido a la hospitalización de la madre o del bebé.

El asiento o la postura del jinete y la «relación con la tierra» o el arraigo

Para muchos especialistas, la forma en la que nos sentamos, lo que se llama sentarse mal o sentarse derecho/correctamente (postura del jinete) es esencial para la seguridad física y, por tanto, para la sensación de seguridad de cualquier ser humano.[5]

La amazona anglosajona Sally Swift, aplicando la práctica de las artes marciales a la equitación, ha identificado cinco sistemas de desbloqueo: centrar, respirar, lo que ella llama la «mirada suave», los bloques de construcción (la biomecánica del hombre en la silla de montar) y el enlace a tierra. Junto con imágenes mentales, estas son las claves de lo que ella llamó «equitación centrada». Permiten obtener impulso y fluidez de movimientos en estado de relajación, para ir más allá y acceder así a la armonía.[6]

A las personas con dificultades para sentarse, de equilibrio, estabilidad, anclaje al suelo e incomodidad, les hago practicar el ejercicio de gateo de Moshe Feldenkrais.* Este ejercicio, que dura el tiempo necesario para cada persona (generalmente entre veinte minutos y una hora), consiste en reanudar la historia de la humanidad como algunos zoólogos y antropólogos la ven, es decir, pasar del estado de peces a reptiles, a cuadrúpedos y a humanos gateando como un bebé que se mueve imperceptiblemente en la alfombra. Poco a poco, quien hace el ejercicio de «levantar su pequeño trasero» se apoya en algo, un taburete o las rodillas de alguien que hace de madre o padre, y comienza a dar sus primeros pasos, vacilando entre los dos, antes de empezar a caminar. Este ejercicio produce resultados sorprendentes en lo que respecta al equilibrio, a la corrección postural (tanto de pie como en posición sentada) y al bienestar general. Las personas que se caían a menudo, se sentían mal o tenían accidentes, milagrosamente dejaban de tenerlos. En cualquier caso, después del ejercicio todos tenían el rostro

---

* Conocí a Moshe Feldenkrais por sugerencia de Boris Dolto cuando estaba organizando el primer congreso internacional de psicodrama, porque sentí que era importante abrir este congreso a psicoanalistas y especialistas del cuerpo: Moshe Feldenkrais, Gerda Alexander y Laura Sheleen. Tuve la suerte de ser invitada por Feldenkrais a residir en la casa que alquiló en San Francisco con su equipo (Rywerant, Myriam Pfeiffer y otros) y a asistir a sus lecciones, las demostraciones y el cuidado de los enfermos. He visto como gente que llegaba en silla de ruedas se iba por su propio pie tras utilizar medios sencillos y de sentido común.

relajado, la tez resplandeciente y los ojos brillantes. Algo importante había sucedido.

Para el holandés Frans Veldman, fundador de la haptonomía, la seguridad básica, concepto clave de esta disciplina, se origina en la pelvis. También es en la región de la pelvis y el sacro-perineo donde se origina la *kundalini*, podríamos decir el impulso vital...

Peter Pan, el refugio de la gracia y el país de «Nunca Jamás»

Los recuerdos de la infancia son el paraíso perdido de aquellos que tuvieron la suerte de tener una niñez bastante feliz en una familia «suficientemente buena», aunque este paraíso perdido nunca ha estado libre de nubarrones.

La historia de Peter Pan, el niño que no quería crecer, nos recuerda el drama del país de «Nunca Jamás», donde ya no se puede volver, y del sufrimiento que todo niño experimenta al nacer otro, que a menudo lo «destrona» y lo aleja de su madre o de su cuna, cama o habitación.

Los alumnos de Françoise Dolto, entre los que me encuentro, saben reconocer un carraspeo especial, vinculado a una emoción que contrae el cruce bucofaríngeo y que apunta a una dificultad entre el yo y la madre, generalmente alrededor de los dos o tres años.

Cuando se es un buen clínico que sabe observar y que lo nota, se cuestiona y se abre fácilmente la puerta a un recuerdo olvidado o reprimido, que desbloqueará la emoción, los recuerdos y un discurso liberador.

Kathleen Kelley-Lainé, en *Peter Pan ou l'enfant triste* [Peter Pan o el niño triste], expone numerosos casos clínicos de traumas de separación y de no retorno —el país de «Nunca más»— tanto de niños de familias supuestamente normales como de desarraigados diversos, emigrantes e hijos de refugiados que nunca han podido hacer el duelo de la pérdida del país de su infancia.

La psicoterapia, el trabajo transgeneracional y el genosocio-grama ofrecen a menudo un remanso de paz. Por otro lado, en el transcurso del trabajo con la psicogenealogía clínica, con la seguridad que esta ofrece, también nos encontramos a nosotros mismos...

La *hardiness** de Kobasa

Establecer límites firmes a las demandas de los demás sobre uno mismo, defendiendo así nuestro territorio, permite fortalecer la sensación de seguridad y la voluntad de vivir.

Al acompañar a personas con cáncer, he sido testigo de recaí-das causadas por la agitación de la invasión del espacio por parte de los seres queridos. Pienso en particular en una mujer que estaba postrada en la cama en su casa. Su propia hija entraba con frecuen-cia en el dormitorio y usaba descaradamente las pertenencias de su madre para su uso personal sin que el marido comprendiese las dramáticas consecuencias de esta invasión y le prohibiese entrar a su hija. Esta mujer había experimentado la intrusión como una especie de robo y violación de su intimidad, y yo diría que no es una locura pensar que tal vez el hecho de sentirse tan insegura tuvo mucho que ver en la recaída que le provocó la muerte.

La firmeza y los límites claros ante las exigencias de los que los rodean pueden ayudar a los pacientes a curarse. Una psicólo-ga estadounidense, Suzanne Kobasa, lo demostró a finales de los setenta,[7] después, sobre todo, de estudiar durante ocho años el

---

* N. de la E.: *Hardiness* (personalidad resistente). El concepto de personalidad resisten-te aparece por primera vez en la literatura científica en 1972, en relación a la idea de protección frente a los estresores. Son Kobasa y Maddi los autores que desarrollan el concepto, a través del estudio de aquellas personas que ante hechos vitales negativos parecían tener unas características de personalidad que les protegían. Así, se ha esta-blecido que las personas resistentes tienen un gran sentido del compromiso, una fuer-te sensación de control sobre los acontecimientos y están más abiertas a los cambios en la vida, a la vez que tienden a interpretar las experiencias estresantes y dolorosas como una parte más de la existencia, En general, se considera que es un constructo multifactorial con tres componentes principales: compromiso, control y reto. (Fuente: ww.epsicologia.eu).

comportamiento de los ejecutivos de AT&T que, tras una importante reorganización, habían sido despedidos o asignados a otro lugar. La vida nos reserva dificultades que no habíamos previsto, y algunos individuos son más resistentes que otros. Tienen una personalidad «firme», con tres características principales: ven los problemas como algo que hay que superar, lo que les da una determinación constante y una actitud positiva; quieren mantener el control de sus vidas, lo que les proporciona el valor de asumir riesgos, y participan activamente en el proceso, tratando de no soportar la situación, sino de remediarla.

Tomemos un ejemplo reciente y personal. Es un sueño. La escena tiene lugar en una casa que conozco, con dos entradas, una con vistas a la calle, la otra con vistas a un jardín al final del cual fluye el Sena.[*] Estoy en una habitación de baldosas. Un ejército de gusanos viene hacia mí. Doy una patada en el suelo. Los gusanos retroceden. Estoy matando algunos. Le pregunto a alguien si estos gusanos tienen un nombre. Sí, recibo una respuesta, y hay uno que se llama Abuela. Pienso en mi querida bisabuela, llamada Hélène, que me dijo, cuando quise convertirme al catolicismo: «No lo hagas, de lo contrario no podremos encontrarnos, no estaremos en el mismo Paraíso». En ese sueño, yo tenía noventa y dos años y ponía límites firmes a la intrusión de gusanos en mi territorio, hice que la muerte inminente retrocediera. No sé de dónde saqué la fuerza para hacer retroceder a la muerte, pero una cosa es cierta, obvia: estaba en casa, a salvo, y no habría sido posible hacer retroceder a los gusanos sin una *voluntad de vivir*.

Crear su propio «refugio de gracia» y saber defenderlo, desplegando ambas nociones de *safe space* y de *hardiness,* es estar cómodo, total e incondicionalmente, en la vida.

---

[*] En realidad no conozco esta casa, pero su jardín, que desciende hacia el Sena, es como el de mi infancia, cuando vivíamos en París, en el 122 del Boulevard Mourat.

CAPÍTULO XIII

Sin un lugar bajo el sol

S er reconocido, tener una identidad y un lugar, o incluso una profesión es importante en cualquier sociedad. Pero no siempre es así para todo el mundo...

Los resucitados

El coronel Chabert, una novela de Balzac escrita a partir de una historia real, cuenta cómo un hombre es dado por muerto y luego regresa, herido e irreconocible.

En la batalla de Eylau, el coronel Chabert, conde del Imperio, es gravemente herido en la cabeza de un sablazo. Napoleón envía a sus cirujanos en su busca, pero estos ven el sablazo desde la distancia y no se molestan en comprobar si pueden ayudarlo.

Por lo tanto, Chabert es declarado muerto y su viuda se vuelve a casar durante la Monarquía de Julio. Tiene dos hijos de esta nueva unión.

Pero resulta que, por algún milagro, Chabert ha sobrevivido. Incluso se las ha arreglado para salir de la fosa común a la que fue arrojado, desnudo y dado por muerto. Termina volviendo a París a pie, en harapos y sin papeles. Su viuda se niega a recibirlo.

Así que se encuentra en esta dificultad de demostrar su identidad cuando ya no tiene documentos y está desfigurado por su herida y envejecido prematuramente por las dificultades.

Un abogado, conmovido por su historia, que considera auténtica, le presta lo suficiente para sobrevivir y acepta encargarse de rastrear sus papeles y de obtener de su esposa la parte de su fortuna personal que le pertenece.

Chabert vuelve a la vida, una vida socialmente discreta, pero «se deja engañar» por su esposa.

Él le recuerda momentos concretos que demuestran su identidad. Pero ella lo manipula para que desaparezca después de hacerle firmar una declaración de impostura. Y termina su vida en un hospicio para los necesitados.

Esta historia ilustra varios temas importantes. En primer lugar, el del impulso vital, el empuje para sobrevivir que multiplica la fuerza humana por diez.

Si la esperanza está viva, la ausencia de esperanza se extingue. También vemos aquí el desgaste de los procedimientos burocráticos, administrativos y judiciales que hacen que Chabert sufra una depresión, un abatimiento que podría haber sido fatal si no le hubiesen tendido una mano amiga y si él no hubiera podido o sabido agarrarla.

El coronel Chabert declarará, «disgustado»: «Debo meterme bajo tierra». Y de hecho, se «callará» y se «enterrará».

La importancia de la sociedad y sus estructuras aparece claramente, así como la de tener un lugar reconocido.

No confundir la coincidencia y el azar

El caso de Nanou expone la situación del regreso de personas erróneamente declaradas fallecidas, así como la de hechos extraños pero no por ello significativos en lo que a herencia transgeneracional se refiere.

Nanou ha vivido en París desde su infancia. La envían regularmente a Inglaterra en verano para perfeccionar su inglés.

En el verano de 1938, conoce a Reginald en Londres. Se escriben y se comprometen en 1940, sin volver a verse. En junio de 1940, tiene lugar la ofensiva de los *pánzer*, y las comunicaciones quedan cortadas entre Inglaterra y la Francia ocupada. Reginald hace que la Cruz Roja busque a Nanou y se entera de que está desaparecida y que ha sido declarada muerta.

Por desesperación, se alista y es gravemente herido. Una enfermera lo «salva» gracias a la devoción que siente por él y se casa con ella. La foto de la «pobre Nanou, muerta tan joven» permanecerá en la repisa de la chimenea. La pareja tiene una niña, nacida ciega, y regresa a Londres.

Pero Nanou sobrevive a la guerra, a la ocupación nazi, a la Resistencia y a sus peligros, y es como un pequeño milagro. De hecho, cuando se traslada al sur, ayuda a todo tipo de personas de muchas maneras diferentes, sirviendo como líder de las exploradoras (*scouts* protestantes) en el Ejército de Salvación de Marsella.

Luego vive en Alès. El ama de llaves del comisario de policía de la ciudad está en contacto con el Ejército de Salvación de Marsella. Se entera de que Nanou está en la lista de las personas que van a ser arrestadas al día siguiente, por lo que intercede en su nombre ante el comisario, que va a advertir a Nanou la noche anterior al día en que está programada su detención.

Al encontrarla febril, decide que no está en condiciones de marchar a España a través de los Pirineos como él había previsto. Como solución de emergencia, llama a una furgoneta de la funeraria y hace que la transporten, envuelta en un sudario. Nanou llega a algún lugar de Lozère, a casa de unos campesinos «hugonotes», lo que le salva la vida.

Así que está viva, pero socialmente muerta, pues los vecinos vieron la furgoneta de la funeraria alejarse temprano por la mañana. La guerra ha trastornado muchas vidas y la Resistencia ha transformado a esta chica.

Cuando vuelve la paz, Nanou regresa a Londres para un congreso y se encuentra con Reginald por casualidad, y esto justo antes de casarse con su prometido francés. Ella está bien y verdaderamente viva. Reginald se siente tan alterado como desgarrado.

Pero ¿y qué hay del bebé ciego? ¡No, que fuera ciego no es un golpe del destino porque Reginald no había sido fiel a Nanou! Es pura coincidencia, una casualidad de la vida y nada más. Y no es culpa de nadie. Algunas cosas suceden por casualidad y no son significativas ni se dan por sentadas.

Informé de este caso clínico para subrayar lo peligroso que puede ser darle sentido a todo y caer en la «coincidomanía» que algunos principiantes o charlatanes mantienen en el campo de la transgeneración y la psicogenialogía. Si bien es cierto que en esta historia, real, hay cosas que no se deben solo al azar, sino tal vez debidas a la suerte de una feliz coincidencia: la «serendipia».[1]

Esta historia debe ser achacada a las múltiples historias que son totalmente inverosímiles y sin embargo perfectamente auténticas relativas a la guerra y la Resistencia. Es muy probable que tenga algo que ver con la serie de acciones desinteresadas impulsadas por la propia Nanou. Porque si el mal que hacemos puede resultar contraproducente para nosotros mismos, como un bumerán, también lo es el bien.

No olvidemos que todo acto tiene consecuencias, impredecibles a corto o más o menos largo plazo.

Las historias de muertos que regresan a su vida social y familiar son perfectas como trama de una serie de televisión. El público las aprecia, estas historias resuenan como si respondieran a una necesidad o un vínculo ancestral.

Personas sin hogar, migrantes indocumentados, refugiados, esclavos

En el pasado, los parias vivían en «la corte de los milagros».[*] En la Edad Media, la mitad de la población estaba compuesta por vagabundos sin domicilio.[2]

De manera similar, después de cada guerra, ha habido refugiados indocumentados con destinos precarios. En 1922, el noruego Fridtjof Nansen, en su calidad de Alto Comisionado para los Refugiados de la Sociedad de Naciones, implementó la creación de un «pasaporte Nansen» para que los refugiados rusos y de otras nacionalidades pudieran viajar legalmente y establecerse con normalidad. Mucha gente se naturalizó allí donde se encontraba y se asentó.

A finales del siglo XX y en el XXI, es evidente que no hay una solución humana para los innumerables refugiados que se encuentran en los campos de todo el mundo, ni tampoco se ha puesto fin a la esclavitud de niños y adultos.

En Francia, hay toda una población de «personas sin domicilio fijo», que viven en las calles, bajo los puentes o en refugios temporales, lo que les dificulta la búsqueda de trabajo y el acceso a la vivienda. Están también todos aquellos que, siempre de origen extranjero, viven y trabajan en el país clandestinamente: los migrantes indocumentados.

Retrotraerse para integrar, y después reabrir y asumir

No es nada fácil curar las heridas familiares y encontrarse a uno mismo, empezando de cero, ni ser capaz de hacer el recorrido

---

[*] N. de la E.: *La cour des miracles* era como se conocía la degradada zona del París medieval descrita por Victor Hugo en su novela *Nuestra Señora de París*. En sus calles se daban cita mendigos profesionales, maleantes, falsos ciegos, falsos tullidos y prostitutas. Era un lugar tan peligroso que ni las autoridades se atrevían a penetrar en él. Estos personajes, después de recaudar y una vez de regreso a su entorno habitual, recuperaban, *milagrosamente*, la vista o la destreza en el andar. De ahí la ironía del nombre.

de la vida y esperar el retorno tal y como lo describe el poeta Joachim du Bellay:

Feliz quien, como Ulises, emprende un largo viaje,
o como el que conquista el vellocino,
y luego regresa, pleno de aventuras y razón.
¡Para vivir entre los suyos el resto de su vida!

¿Cuándo, por desgracia, volveré a ver humear
la chimenea de mi pueblecito, y en qué estación
volveré a ver la valla de mi humilde casa de nuevo,
que para mí es una provincia, y mucho más?

Eva Leveton habla admirablemente de su nostalgia por sus raíces en su libro autobiográfico *Eva's Berlin*.[3]

Esta mujer estadounidense «hasta la médula», con un gran éxito social, profesional, familiar y financiero, cuenta cómo, al jubilarse, «se sintió obligada» a volver a los lugares de su infancia —el Berlín hitleriano bombardeado por los aliados—, a volver a sus traumas y alegrías, manifiestos importantes para su ser más profundo.

Describe la conmoción de ver a sus antiguos amigos del vecindario tirarle piedras, sin entender por qué: ella era medio judía, y ellos pertenecían a las Juventudes Hitlerianas. Y sobre todo, el choque de las palabras «tranquilizadoras» de su abuela alemana y protestante, que vendaba sus pequeñas heridas, más bien rasguños, pero se negaba a escuchar su emoción y su trauma por el intento de lapidación por parte de sus «amigos».

Esta falta de escucha, este secreto familiar (su origen social y cultural mixto, inaceptable en esa época) es negado por la abuela: «No pasa nada».

Pero para Eva eso que no se dice y se niega se convierte en un gran trauma.

Siente como si la negación de su abuela la marchitase, como si la marcase al rojo vivo (simbólicamente) en su carne y en su alma, de por vida. Esa es una huella terrible.

Eva me lo cuenta, así como me cuenta los momentos de alegría y felicidad, después de los bombardeos, o entre los bombardeos: de niña, con una amiguita, jugando entre los escombros humeantes, encontrando nichos, «islas del tesoro» y jardines secretos.

Sí, los niños pueden reírse de todo, jugar con todo e, incluso en la guerra con sus dramas, sentir felicidad, y por lo tanto, tener recuerdos felices.

En 2007, Eva viene a París para dar una conferencia en la librería Shakespeare and Company y para hablar conmigo. Está buscando un eco.

Me cuenta lo difícil que ha sido su recorrido, pero que por fin se encuentra siendo ella misma, que «ha vuelto a casa», como suele decirse.

Observemos que los ingleses distinguen entre «ser uno mismo» (*be oneself*) y sentirse como en casa (*be at home*). La distinción entre el yo y el mi, y el hogar y lugar de origen, del que uno procede, es importante.

Eva expresa emocionada: «Es tan injusto que por haber sido *demasiado* protestante alemana me negasen la posibilidad de quedarme en la Holanda neutral con mi madre protestante, durante los primeros días del régimen hitleriano, y que no fuese lo suficientemente judía como para que se me permitiese seguir a mi padre judío, emigrando a Estados Unidos».

Llora cuando habla de cómo la veían los demás, con sus propias proyecciones sobre ella, nunca de la manera que era, «de verdad», resultado de un mestizaje del que ha sido víctima toda su vida.

Sí, nuestras sociedades son racistas, a pesar de toda la retórica, como he demostrado en otras investigaciones sobre la «distancia social», mostrando que aceptamos a otras razas cuando viajamos y en vacaciones, pero no como vecinos en nuestro propio rellano y no como cónyuges de nuestros hijos, y esto a pesar de algunos éxitos evidentes, ya que la excepción confirma la regla.

Pero esa es otra historia...

Eva también habla de la conmoción y del rechazo que experimentó cuando llegó a Estados Unidos, porque no se quejó de su pasado en la Alemania de Hitler bombardeada, y porque se sentía diferente en América, resultaba «inquietante».

Se vio rechazada totalmente en 1946 por ingrata (por no apreciar la felicidad de ser una refugiada en Estados Unidos) y proalemana. Esto la llevó a hacer «todo lo posible» para adaptarse, aceptar (con dificultades) su nombre americanizado por su padre y mezclarse con la cultura estadounidense, convirtiéndose en más americana que el más americano, y teniendo éxito en el intento.

Pero aun así...

Cuando se jubiló, tuvo que volver sobre sus pasos, al Berlín de su infancia, volviendo la vista atrás, a sus sufrimientos y alegrías. Su necesidad de publicar su autobiografía, como la guinda del pastel, responde a la necesidad de limpiar el corazón, de tener una memoria limpia y purificada y encontrarse a sí misma.

Limpiar la propia historia, lavar y «limpiar el árbol genealógico» y aceptar los acontecimientos de la vida, las acciones y situaciones de los diversos ancestros.

Como el «mendigo» François Villon lo canta en *La balada de los ahorcados*:

Hermanos, los humanos que aún seguís con vida,
no tengáis contra nosotros el corazón endurecido,
pues si queréis mostrar piedad con estos pobres,
Dios no lo olvidará y os tendrá misericordia.

Y el poeta Louis Aragon:

El que creía en el cielo, el que no lo hacía,
no importa cómo llames a esta claridad en sus pasos,
uno del templo salía y el otro se escapó de él,
ambos fueron fieles con sus labios, sus corazones y sus brazos.

Cuando el trigo está bajo el granizo,
loco es el que se hace el delicado,
un loco que piensa en sus heridas del corazón
en medio del combate.

El que creía en el cielo, el que no lo hacía...
La rosa y la reseda.

Eva sanó de las heridas familiares. Pero ¿enterró el pasado y fue capaz de curar las «heridas» familiares? En eso está.

Es un largo trabajo de «reelaboración», de *perlaboración*, como dicen los psicoanalistas, de hacerse consciente de las secuelas, de digerir su pasado, el suyo y el de sus antepasados.

Porque sus antepasados —y los de cada uno de nosotros— han hecho de todo, lo sepamos o no, nos creamos excepcionalmente «buenos» o «malos» en nuestra familia.

No podemos cambiar los eventos pasados, excepto para arrepentirnos de ellos «verdaderamente» mientras estamos vivos y tratar de «repararlos» pidiendo el perdón de los vivos, o para los nuestros si están muertos. A menudo hay mucho trabajo de duelo y cierre que hacer. Y los rituales tienen que ser inventados.

Los hechos son hechos, y los hechos son tercos.

Eva ha regresado a su familia estadounidense, pero tiene la intención de volver a los lugares de su infancia porque... «felices quienes como Ulises...».

CAPÍTULO XIV

Cuando no se tiene acceso a la memoria familiar

Mucha gente no tiene acceso a sus recuerdos familiares. En particular, la mayoría de los niños adoptados, ya sea que hayan nacido clandestinamente como hijos ilegítimos, los que antes se conocían como «niños expósitos», ahora los «hijos de las DDASS*», tienen serios problemas de identidad.

Además, los «bebés probeta» no conocen al «donante», al que buscan en vano, ansiosos.

Muchos emigrantes, especialmente en Europa central, pero también en África están completamente aislados de sus raíces y su memoria familiar.

Los supervivientes de varios genocidios, ya sean judíos o camboyanos, armenios, tutsis, hutus u otros, no tienen a nadie a quien preguntar.

Este también es el caso de los supervivientes del tsunami, los terremotos o los niños que sobrevivieron a los bombardeos u otros actos de guerra.

---

* N. del T.: Direction Départementale des Affaires Sanitaires et Sociales ('Dirección Departamental de Asuntos Sociales y Sanitarios').

¿Qué hacer?

Lo más sencillo es constatar los hechos: su tipología, color de piel, pelo y tipo de ojos, y hacer una hipótesis étnica, regional y cultural.

Luego, leer libros de historia y geografía, y tratar de situarnos.

La adopción y las familias espejo

La adopción no se da así como así. Muchos de mis colegas y yo lo hemos constatado con sorpresa.

Es el caso de un niño de origen kurdo adoptado en la DDAS de Grenoble que se encontró con el mismo nombre de pila que su padre adoptivo, siendo como él, hijo de una madre que tenía quince años y medio cuando él nació, siendo como su abuelo materno adoptivo el superviviente de un gemelo muerto, e incluso habiendo tenido, como su hermana adoptiva, ¡caninos supernumerarios que tuvieron que ser extraídos!

Por otra parte, en las raras ocasiones en que encontramos a la familia genética, descubrimos que es como un espejo de la familia adoptiva; esta observación se ha hecho tanto en Francia como en Suecia.

Para mí, la historia clínica más sorprendente en este campo es la de una joven, llamémosla Lucie, que, sufriendo una enfermedad genética grave, decide no tener un hijo propio, sino adoptar uno. Adoptó a un chiquillo de la India. Dos años después hubo que rendirse ante la evidencia: el niño estaba enfermo. Lo operó en París el mismo cirujano que había operado a Lucie veinticinco años antes y por la misma enfermedad.

El destino tiene un peculiar sentido del humor...

Los «polipadres» y las «polimadres»

Ya he citado, en el capítulo siete, al médico psiquiatra François Tosquelles hablando de «polipadres» y «polimadres».

Por ejemplo, un niño, llamémoslo Charles, tiene como madres a su madre que lo trajo al mundo; a su abuela, que lo crio, y a la vecina que lo cuidó tras la muerte de su abuela.

Un joven médico, Jacques, tiene como padres a su progenitor, que murió antes de que él naciera; a su padrastro (el marido de su madre), y al médico del pueblo, que lo tomó bajo su protección y le dio estudios.

El llamado parentesco «normal» como ficción

Muchos niños han descubierto que habían sido adoptados tras la muerte de uno de sus padres, que insistieron en el secreto. Y cuando empezaron a buscar y encontraron a su progenitor natural, normalmente ya era demasiado tarde: acababa de morir. Lo mismo es cierto para los niños adulterinos.

Las investigaciones genéticas y psicosociológicas combinadas muestran que la llamada filiación normal es una ficción social: cualquier niño nacido de una pareja legal es registrado con el nombre del marido, pero puede ser un niño fruto de un adulterio, o el hijo natural de otro, legalizado por el marido de la madre.

A veces el niño lo sabrá, y a veces será el único que no lo sepa; a veces nunca lo sabrá, o se enterará más tarde por un tercero.

Fecundación por un «donante» y secretos de familia: el caso de Gérard

Gérard siente un cierto malestar impreciso, pero evidente. Lo que no sabe es que su padre legal no podía tener hijos (de lo que este no se enteró hasta después de su matrimonio) y que su madre, de acuerdo con él, se quedó embarazada de un donante.

Toda la familia de la madre lo sabe, porque la pobre mujer llamó a su propia madre para que la ayudara. La familia del padre no sabe nada porque, para estas personas rudas, la virilidad en todos sus aspectos es fundamental.

Cuando los abuelos mueren, las tías maternas insisten en que se le diga a Gérard que su padre legal no es su progenitor, sino solo su padre de corazón, cuyo nombre lleva. Gérard, que es mayor de edad, adora a su padre y lo acepta. La relación entre padre e hijo es buena.

Nadie se atreve a decirle que las hermanas y las tías de su madre están al corriente. Eso genera situaciones falsas. Y cuanto más esperen, más difícil será.

Mientras tanto, a Gérard le cuesta encontrar su camino en la vida y se ha ido al extranjero. Pero marcharse lejos no resuelve el problema y la incomodidad lo sigue.

El parto secreto: el caso de Marie-Pierre

Marie-Pierre es una niña de la DDASS, nacida en un parto secreto. Está angustiada, ansiosa, insegura, y decide acudir a nosotros en busca de ayuda.

La hago hacer un psicodrama trabajando con una realidad excedente y en el juego terapéutico un terapeuta asistente hace el papel de su madre, a la que vuelve a encontrar. Tiene una experiencia física que la lleva a querer que la tome en sus brazos, la acune, la ame y la acepte, lo que alivia una gran parte de su ansiedad. Me escribe que finalmente está en paz.

Esta historia podría terminar ahí.

Pero, de hecho, tras su experiencia en el psicodrama, decide volver a la DDASS y pedir ver su expediente. La mujer que la recibe se niega. Marie-Pierre pregunta:

—¿Tiene una carta de mi madre en la que diga que nunca me muestren mi expediente?

La encargada, sorprendida, responde:

—No, por supuesto que no.

Así que Marie-Pierre le dice confiadamente:

—En ese caso, nada le impide dármelo. Démelo.

Atrapada con la guardia baja, y ante una petición tan firme, la mujer se lo da.*

Marie Pierre descubre que su madre biológica es una mujer llamada Monique, que era de un pueblecito de los Alpes. Marie-Pierre va allí y, antes que nada, va a ver al sacerdote, que la anima en sus pasos y le muestra la casa de Monique. Entra, se acerca a una anciana y la besa. Esta última se deja besar y Marie-Pierre tiene incluso la impresión de que la acepta.

En ese momento, una joven de la edad de Marie-Pierre grita: «¡Fuera! ¡Mi madre no tiene más hijas que yo!». Marie-Pierre vuelve a ver al sacerdote, que le dice que es improbable que dos mujeres llamadas Monique hubieran dado a luz a dos niñas diferentes el mismo día, y piensa que su madre no se atreve a confesarle a su hija legítima que tuvo otra hija además de ella.

Marie-Pierre no sabe qué hacer; al mismo tiempo se siente satisfecha e interesada, pero también desamparada, pero no quiere provocar un escándalo. Así que habla con su marido, que la acompaña en el coche. De acuerdo con él, van a visitar el pueblo y el cementerio y deciden llevar a sus hijos allí.

Sea lo que sea que haya dicho o hecho la Monique X oficial, lo cierto es que Marie-Pierre ha visto a su madre, la casa de sus tíos, ve y siente el pueblo y sus dificultades, y decide llevar allí más tarde a sus hijos de incógnito para que sepan de dónde proceden.

Unos años más tarde, vuelve a ponerse en contacto conmigo para contarme que todo le va bien, así como a su marido y sus hijos, que ha encontrado la calma y que se siente plena y centrada.

Aunque no tengas acceso a tu historial familiar, todavía puedes encontrar tu lugar en el mundo. Es posible encontrar muy a menudo a una familia espiritual que vale por todas las familias de origen, por ejemplo en un grupo de psicoterapia.

---

* La legislación ha cambiado en lo que respecta a la entrega en adopción y la consulta de expedientes por parte del niño adoptado al alcanzar la mayoría de edad. Pero los casos clínicos de los que informo aquí no se han visto afectados por esta medida.

Esto proporciona una seguridad básica para continuar viviendo, como saben muy bien los niños resilientes.

CAPÍTULO XV

Pedagogía blanca y pedagogía negra heredadas, padres tóxicos

L a pedagogía blanca opera por medio de la estimulación, mientras que la negra lo hace mediante el castigo.

Recordemos aquí la obra de Alice Miller, en particular *Por tu propio bien: raíces de la violencia en la educación del niño*, que contribuyó a la popularización de la expresión *pedagogía negra*.

Y dejemos claro desde el principio que tanto la pedagogía blanca como la negra son radicalmente diferentes del trabajo de Carl Rogers sobre la no directividad y sus excesos.

El concepto de pedagogía negra fue creado por Katharina Rutschky para explicar y describir los males de una educación que quiere quebrar la voluntad del niño, presuponiendo que este es naturalmente malo y necesita aprender a obedecer a los adultos, ya sean padres o profesores.

La terapeuta estadounidense Susan Forward acuñó la expresión *padres tóxicos* y la usó como título de un libro.

La forma en que nos criaron deja una huella en cada uno de nosotros y a menudo insidiosamente en nuestros descendientes también. Que hayamos sido bien o mal tratados al principio de la vida y después teñirá nuestras vidas y acciones de una manera casi indeleble.

La educación punitiva corporal con humillación del niño, que tan a menudo se avergüenza de quien es o de lo que hace, no ha desaparecido en el siglo XXI.

El niño que es humillado y llamado «tonto», «malo» y «malvado» fracasa a menudo en su vida emocional, su vida laboral y sus exámenes. A menudo humilla y maltrata a quienes dependen de él, ya sea en su vida familiar o en el trabajo.

El «orden de picoteo» del gallinero —comer primero (ayudarse a sí mismo primero) y picotear (picoteos punitivos y a veces mortales) a los demás, desde el menos fuerte hasta el más débil—, es algo que existe en el mundo humano, no solo en el ámbito profesional y militar sino también en otros, en Francia y otros lugares.

De hecho, todavía toleramos hoy en día —en pleno ¡siglo XXI!— el acoso profesional, la esclavitud y poner a trabajar a niños muy pequeños, o incluso su venta en algunos países...

La pedagogía blanca es una forma suave pero firme de criar a los hijos, ayudar a su desarrollo, alentar sus esfuerzos, sin juzgarlos. Distingue claramente entre las acciones buenas, malas y peligrosas, y a la persona en sí misma, asegurándose de proporcionar límites y un marco de referencia.

Lamentablemente, esto no siempre fue comprendido en la era «post-68» por los padres, que eran niños o adolescentes en ese momento. Entonces, dominaba la moda del placer, con su deriva comercial hacia el consumo excesivo, a menudo acompañado de la negación del esfuerzo de toda una generación de niños «criados», por así decirlo, por padres laxos y ausentes, deprimidos, indiferentes, quienes a su vez se sienten indefensos, o desvalorizados, o «no criados».

Pero en este libro, hay más que decir sobre la pedagogía negra, por la que tantas personas siguen sufriendo todavía, hasta el punto de no tener éxito en sus vidas, que sobre la pedagogía blanca.

Porque si la gente feliz no tiene historia, los hijos de aquellos que han triunfado también tienen problemas, pues es muy difícil contar con «modelos» tan difíciles de imitar; el listón está demasiado alto. Pero esa es otra historia...

Pedagogía negra

Para entender los resortes de la pedagogía negra y el castigo, es necesario recordar que, de las personas que vemos, yo o mis estudiantes directos, incluso hasta 2007, muchos de los que están en torno a los cuarenta años fueron golpeados o amenazados con una correa en la niñez o en la adolescencia.

Es importante no confundir a los niños que son realmente golpeados, y aquellos a los que los padres han marcado límites en una ocasión mediante una bofetada o un azote, de manera excepcional o extremadamente rara, porque las fechorías del «no intervencionismo» total son tan devastadoras como los golpes.

No hablaremos aquí del caso especial de los niños mártires y los padres sádicos, o de los padres alcohólicos que atacan a sus esposas e hijos, sino solo de la frecuencia de los castigos corporales intensos en las llamadas familias «normales».

La pedagogía negra, dije, apunta a hacer del niño un ser dócil. Generaciones de padres y maestros, a menudo religiosos, han usado este principio de educación basado en la idea de que, al nacer, el niño es malo, así que debemos educarlo y meterlo en vereda.

Los métodos más frecuentes de la pedagogía negra son la humillación y los castigos corporales, que satisfacen las necesidades del educador pero destruyen la confianza del niño en sí mismo, lo que lo convierte en acomplejado e inseguro.

Bajo una máscara de afecto se esconde la atrocidad del tratamiento del castigo corporal: se trata de persuadir al niño de que es por su propio bien, que se lo ha merecido... Sus verdaderos sentimientos serán reprimidos. Y las tensiones pueden acabar asentándose en el cuerpo.

Alice Miller retomará y desarrollará este concepto y sus consecuencias destructivas, las raíces de la violencia en la educación. En particular, destaca los trastornos somáticos que se producen alrededor del período del día en que San Nicolás (Santa Claus, Papá Noel...) reparte los regalos, debido a temores ocultos al Hombre del Saco, con quien amenazaban a los niños en el norte y el este de Francia, en Bélgica, en Holanda y en España.

Para mi sorpresa, en un panel de supervisión de formadores y terapeutas que tuvo lugar en París en diciembre de 2006, cinco participantes de seis habían tenido un látigo de varias colas en casa y habían sido golpeados con él por sus padres. A veces los niños cortaban las colas del látigo, así que se usaba el mango o un atizador. También conozco a dos personas a las que les regalaron un látigo en Navidad (¡y no era de juguete...!). Lo que más me sorprendió fue que la edad de los participantes oscilaba entre los veinticinco y los cuarenta años, lo que significa que en Francia en los años noventa, tal vez en familias «corrientes», se seguía golpeando a los niños con este «instrumento». ¿Se seguirá utilizando todavía la pedagogía negra?

Emmanuelle Piète, que se ocupa del maltrato infantil, nos recuerda que golpear a un niño sienta bien sobre todo al padre y que su valor educativo se limita a que el niño aprenda a golpear a su vez...

La pedagogía negra prepara el terreno a la neurosis y la violencia hacia uno mismo, hacia los demás, porque desprecia y persigue al niño y suprime la vida, la creatividad y la sensibilidad.

Según Alice Miller, los principios a menudo inconscientes de la pedagogía negra son los siguientes:

1. Los adultos son los amos del niño todavía dependiente.
2. Los adultos deciden el bien y el mal como si fueran dioses del Olimpo.
3. Su ira es el producto de sus propios conflictos, y culpan al niño por ello.

4. Los padres siempre necesitan sentirse protegidos... y ser padre es algo sagrado.

5. Los fuertes sentimientos del niño por su «dueño» constituyen un peligro.

6. Es necesario tan pronto como sea posible, sin que se aperciba de ello, arrebatarle al niño su propia voluntad para que no pueda traicionar al adulto.

Una destrucción extrema

No faltan ejemplos de cómo el daño causado a los niños genera historias de extrema destructividad cuando se convierten en adultos. Hitler, o la génesis de un odio acumulado que ha causado millones de víctimas, es un claro ejemplo de ello.

Los puntos comunes claves de la infancia masacrada que conducen al nazismo, el infanticidio y las drogas, la prostitución y la criminalidad sádica son, según Miller, los siguientes:

1. La destructividad aparece como la descarga de un odio acumulado y reprimido en la infancia, y como su transferencia a otros objetos o al yo.

2. Los sujetos fueron maltratados y profundamente humillados de niños de manera continua. Crecieron en un clima de crueldad.

3. La reacción sana y normal a este tipo de tratamiento sería una furia narcisista de mayor intensidad, pero en el sistema autoritario de estas familias este movimiento es severamente reprimido.

4. En toda su infancia, estos seres nunca han conocido a una persona adulta a la que pudieran confiar sus sentimientos, especialmente sus sentimientos de odio.

5. En estos seres, había la misma necesidad compulsiva de comunicar al mundo su experiencia de sufrimiento, y todos tienen un cierto don de expresión oral.

6. Como se les prohibió la forma simple y segura de comunicación, solo pudieron comunicarse con el mundo en forma de puesta en escena inconsciente.

Estas escenificaciones despiertan en el mundo exterior un sentimiento de horror y repulsión.

Por un lado, en su compulsión de repetición, estos seres atraen la atención como el niño que, a través de los golpes, se beneficia de una forma de atención, por muy perniciosa que sea.

Por otro lado, estos seres no se beneficiaron de ninguna ternura y es precisamente esta necesidad de ternura asociada a la aparición de impulsos destructivos en la infancia lo que los lleva a escenificaciones dramáticas.

Comunicaciones paradójicas

Para Françoise Dolto, tres generaciones de confusión familiar pueden crear el condicionamiento de una persona psicótica en la familia.

Este punto de vista puede compararse útilmente con el desarrollado por el psiquiatra y psicoanalista estadounidense Harold Searles en *L'Effort pour rendre l'autre fou* [El esfuerzo por volver loco al otro].[1]

Alentar

La pedagogía blanca aboga por el acompañamiento del niño, tanto físico como emocional, por parte de un adulto. El niño tiene una necesidad vital de esto, porque nace «sin terminar».

El niño necesita una estructura familiar y social para poder vivir y no solo sobrevivir, para no convertirse en «un oso mal lamido», una expresión típicamente francesa para un ser solitario. Ese «oso» tiene dificultad para integrarse, o bien exige demasiada perfección a todos los demás, demasiado para ser socialmente aceptados, excepto en los raros casos en que aceptamos todo de él, como alguien «excéntrico», por ejemplo si tiene una gran fortuna o si es famoso por alguna cuestión.

Para permitir que el niño se desarrolle plenamente, el acompañamiento debe tener las características siguientes:

1. Respeto por el niño.
2. Respeto por sus derechos.
3. Tolerancia hacia sus sentimientos.
4. Voluntad de extraer una enseñanza de su comportamiento, sobre la naturaleza de este niño en particular; y de respetar las leyes de la sensibilidad que aparecen más marcadamente en los niños que en los adultos, porque los primeros viven sus sentimientos de una manera más intensa y directa que los segundos.

Asumir el fárrago familiar y elegir la propia vida

La psicogenealogía, y especialmente su lado histórico... y clínico, permite recuperar el control de la historia personal y familiar, para estar mejor registrados en un linaje y una leyenda, y para poner un poco de orden en el «paisaje» dejado por nuestros mayores.

Como en cualquier herencia, todo el mundo recibe una amplia gama de objetos y sentimientos: buenos, malos, peligrosos, cosas que no sabemos qué hacer con ellas.

Podemos elegir conservar el reloj, la plata y algunos buenos recuerdos, y deshacernos de lo que nos molesta, cosas inútiles, gastadas, inutilizables, obsoletas o incluso dañinas.

La psicogenealogía abre posibilidades: mantener las lealtades que nos convienen; sacar a relucir todo lo que haya podido ser alegre, honorable, agradable y pacífico; soltar el peso de los errores, sufrimientos, heridas y «faltas» del pasado; aceptar que pueda haber cosas malas, deshonrosas y no dichas, dramas no resueltos en nuestra familia, pérdidas imposibles de admitir («malas muertes» y «emociones enmudecidas»), y dar un paso atrás y mirarlo en perspectiva, para poder vivir, por fin, tu propia vida.

Hay un adagio o dicho en inglés: *«Right or wrong, my country»*, que puede ser traducido como 'Tenga razón o no, es mi país'.

De la misma manera, se podría decir: «Sea cual sea mi origen familiar, lo que hicieron o sufrieron mis antepasados, lo que se me ocultó "por mi propio bien" o por vergüenza, mi familia es mi familia, y lo acepto, ya que no puedo cambiar el pasado».

Pero al «trabajar» en mi pasado familiar puedo distanciarme de él y retomar *mi* vida.

El filósofo Paul Ricoeur habló, en *Lo voluntario y lo involuntario* (1949), del fíat de la vida, de consentir lo que no puedes controlar y que se te escapa, como lo involuntario de la vida.[1] No elegimos a nuestra familia, pero podemos asumir el haber nacido en ella y recobrarla. Es una postura opuesta a la de Camus en *El hombre rebelde* y a la de los filósofos del absurdo.

A menudo, tras la elaboración mediante psicogenealogía, se observará la desaparición de los síntomas, pero también de los sucesos recurrentes o de las situaciones repetitivas, perjudiciales o desagradables.

Y a veces a todo ello le siguen las reconciliaciones y los reencuentros.

Retomar en profundidad el pasado personal y familiar significa generalmente descubrir numerosas repeticiones, para poder así eximir a los vivos o con los que hemos estado en contacto, desviando los dramas y «la maldad» hacia antepasados distantes.

Esto hará que la vida familiar sea más fluida y a menudo con menos rencores y resentimientos... en beneficio —o perjuicio— de los ancianos.

Construir el propio genosociograma es también concederse un tiempo de liberación de la palabra, un tiempo para la aceptación de lo que ha sido, de lo que es y de la propia pertenencia. Significa ser capaz de echar una nueva mirada a la complejidad familiar, para poner en perspectiva las dificultades que ha atravesado cada generación, tanto si se han superado como si no.

Este viaje a través del tiempo es también una invitación a entender cómo nuestra historia personal, nuestras pequeñas historias –nuestras dificultades y nuestros dramas– forman parte de la «gran historia» de nuestro país o región, y de los desarrollos sociales.

Trepar al propio «árbol de la vida» y fisgar es permitirse ser incluido o desapegarse, para finalmente llevar a cabo el duelo del pasado, por uno mismo y por la familia, para salir de los roles prescritos, «limpiar el árbol genealógico», curar las heridas familiares cerrando el duelo y los asuntos pendientes de nuestra familia, y controlar un poco lo que uno se transmite a sí mismo.

Por último, quisiera reiterar una vez más que, si bien es posible reflexionar sobre la historia de uno solo o con su familia más o menos extensa, es sin embargo más relevante, y menos arriesgado, estar acompañado por verdaderos profesionales.

El punto de vista externo más neutral y benevolente –también más «solidario»– evita caer en la trampa de las interpretaciones a toda costa, y los ecos de un grupo reducido son un enriquecimiento que ayuda a encontrar el sentido.

Uno tiene entonces, a menudo, «la suerte de una feliz casualidad», la oportunidad de completar la información que falta en la historia familiar y también de notar que el recuerdo de algunos despierta la memoria de otros...

El grupo «contenedor» permite la ira, la angustia indecible, una emoción vívida y espontánea que es más difícil de expresar a solas o en la vida familiar.

Conseguir que un especialista te ayude a trabajar no es fácil.

Como ya dije al principio de este libro, y creo que es esencial repetirlo aquí, la psicogenealogía, se ha convertido en una moda pasajera y todo el mundo la ha asumido sin haber seguido siempre una formación seria; puede ser una tarea muy difícil, que puede conducir a abusos.

Por lo tanto, es aconsejable ser cautelosos y averiguar todo lo posible sobre la formación del especialista y sobre la fiabilidad de la persona que nos lo recomendó.

¡Se trata de tu alma y de tu vida!

Cuando trabajas en ti mismo (o en alguien más), hay que tener cuidado.

No todo en nuestro pasado es significativo, y no todo es obvio.

También hay que evitar las trampas de la lógica y de «la evidencia evidente». Porque lo que no pasó, lo que no ha sido visto, dicho o transmitido es tan importante como lo que se ve y se transmite.

Es imprescindible que nos conozcamos bien y tener en cuenta el inconsciente, lo inesperado y lo impredecible.

Freud nos enseña que el ser humano es como un iceberg: la parte invisible bajo el agua es la parte que determina su conducta y explica lo que le sucede.

Los secretos de familia y los secretos no hablados a veces se transmiten de forma intergeneracional y con mayor frecuencia indirectamente a través de la transgeneración.

Patrick Avrane, psicoanalista parisino, ha demostrado en *Sherlock Holmes & Cie.* qué hay en el funcionamiento del famoso detective —tan diferente del de los policías— que le permite encontrar la solución que a estos se les escapa, pues no se deja engañar por las evidencias. Busca la solución a un problema y no castigar a un culpable, sigue sus asociaciones de pensamientos, se deja a veces llevar por lo «sorprendente e inesperado» y ve las cosas en su contexto real.

También comprueba de quién viene la información y si el informante es de confianza o si se aprovecha de las apariencias.

Y demuestra cómo el análisis, el psicoanálisis, permite ir más lejos y de manera diferente en el consciente, el inconsciente y el trabajo sobre uno mismo y con los demás.

El hecho de que Sherlock Holmes sea un personaje de novela no modifica la demostración.

Los ingleses, pragmáticos, así lo han comprendido, tanto que han numerado una calle de Londres con un número *bis* para reconstruir en Baker Street la casa de Sherlock Holmes, que todavía es visitada por miles de turistas cada año.

Lo que está en la cabeza es más fuerte que la «realidad real», y en este caso, la realidad es más fuerte que la ficción.

La psicogenealogía clínica, cuya expresión y herramienta preferida es el genosociograma, es finalmente un trabajo apasionante al que podemos volver cuando surja la necesidad, a veces de año en año... Se trata de un viaje hacia el autodescubrimiento.

Es asumir el pasado familiar, aunque esté lejos, su mezcolanza y sus tareas inconclusas, mientras se elige la propia vida: gobernar el barco «pase lo que pase» y resistir las presiones directas e indirectas tanto de la familia como del entorno.

Para mí, todos son de alguna manera responsables de su vida y eventos.

El concepto de *serendipia*, que nos encontraremos de nuevo en los anexos, proporciona una mejor comprensión de cómo «aprovechar la oportunidad» que pasa.

Es como si, con un corazón puro, se «magnetizase» por una cierta disposición interior que hace que lo que necesitas ocurra, tanto para uno mismo como para los demás; sin buscarlo, pero viendo cómo aparece inesperadamente en nuestro camino..., lo aprovechas... para usarlo, para ti mismo, y especialmente para dárselo a quien lo necesite.

Esto es mucho más y bastante diferente de simplemente encontrar coincidencias como ocurre en la sincronicidad.

Está presente una observación muy fina, con registro de datos y reacción directa, así como una verdadera claridad, y sobre todo una apertura del corazón al mundo y a nosotros mismos.

Este don y sus consecuencias no están exentos de riesgos para la persona que lo posea...

Sócrates ya dijo que iba como quería, siguiendo su camino, salvo si la voz de su buen *daimon* le hacía detenerse y volver sobre sus pasos: «Esto es una cierta manifestación de un espíritu... o un cierto dios que ocurre en mí; [...] y que comenzó en mi infancia, que siempre me aparta de lo que voy a hacer y nunca me empuja a actuar», tal y como reproduce Platón en *Apología de Sócrates*.

Pero no es mi propósito discutir aquí sobre la existencia de Santa Claus, o sobre la existencia de los ángeles...

Cada sociedad tiene o ha tenido sus ritos de paso, en particular para salir de la infancia, salir de la adolescencia, enfrentarse al peligro y la muerte para entrar en la edad adulta... y despedirse de la vida, morir y hacer el duelo.

Estos ritos se han perdido con la moda de lo efímero, del placer inmediato, de la comercialización, de la globalización, del desarraigo de las poblaciones.

Muchos adultos se han visto atrapados en las «fronteras» y «pasajes» de la infancia y la adolescencia, sin un marco de referencia, sin límites, sin saber cómo hacerse cargo de sus vidas y sus responsabilidades; algunos entran en los vanos juegos de destruir por diversión, de no trabajar y de delitos menores o graves... por no haber experimentado los ritos o no haber conocido a un «barquero» que los ayudase a cruzar a la otra orilla, a convertirse en adultos.

Tengo la hipótesis de que «trabajar» realmente en uno mismo, con la ayuda de la psicogenealogía clínica, con un fuerte compromiso, estando presente en la emoción que surge (con *ecceidad*), finalmente proporciona una oportunidad para revisar y cerrar los dramas y acontecimientos dolorosos de la vida y de la propia historia, y para «cruzar» las fronteras hacia la paz interior y el significado de la propia existencia.

Kathleen Kelley-Lainé escribe en *Peter Pan ou l'enfant triste*: «A menudo nos escondemos de nosotros mismos... El paso de fronteras es una etapa fundamental en la vida de un ser humano; al cruzarlas, pasa de una etapa a otra y acepta renunciar a acontecimientos del pasado que le eran muy preciados y de los que había obtenido mucho placer. Estas son siempre pruebas difíciles. Todas las culturas, todas las religiones han inventado ritos de paso, no solo para hacer el viaje más fácil, sino para asegurar que no haya un posible retorno. Por supuesto, siempre existe la tentación de volver al nido original, a menudo el útero. Para esto, se necesita un guía...».

Séneca nos enseña que no hay viento favorable para quien no sabe adónde va. Y Luis Sepúlveda, en *Historia de una gaviota y del gato que le enseñó a volar*, dice que «solo vuela el que se atreve a volar».

En cuanto a mí, diré lo siguiente: «Encuentra lo que necesita el que confía en la vida», y: «Abre los ojos»... con un corazón puro, una confianza total y cierta determinación.

Con la edad, he oído decir que uno se vuelve responsable de la expresión de su rostro. También podemos dirigir nuestra vida mucho más de lo que creemos...

«Ser o no ser es la cuestión...». Ser o devenir uno mismo, siempre aprendiendo, siempre caminando, «yendo y deviniendo» con todas sus posibilidades, abrir ampliamente tu futuro y el de tus hijos, nacidos o por nacer.

Retomemos de la gran época de la Grecia clásica el concepto de *kairos*, el momento adecuado favorable para lograr las cosas importantes, en la «presencia en el momento», de aquí (*ecce*): *ecceidad*.

Y si se me permite inspirarme en el poema ya citado de Joachim du Bellay:

Feliz quien, como Ulises, ha hecho un largo viaje,
en el tiempo y el espacio,
para acabar recuperando su corazón y su mente,
y finalmente realizar su verdadera vida.

Argentière-Chamonix-Mont-Blanc,
30 de agosto de 2007
París, 6 de diciembre de 2011

¿Qué es el éxito?

«Reírse a menudo y amar mucho; ganarse el respeto de las personas inteligentes y el cariño de los niños; conseguir la aprobación de los críticos sinceros y soportar la traición de los falsos amigos; apreciar la belleza; encontrar lo mejor de los demás; dejar el mundo un poco mejor, ya sea mediante un niño sano, un trozo de jardín o el rescate de un grupo social; saber que por lo menos una vida respiró mejor por haber vivido tú, eso es tener éxito».

Ralph Waldo EMERSON
(1803-1882)

Anexos

Escala de evaluación o autoevaluación del estrés provocado por los acontecimientos de la vida[1]

según Thomas H. Holmes y Richard H. Rahe,
actualizada en 2007, Anne Ancelin Schützenberger

Estrés por la adaptación al cambio (a lo largo de un año)		Estoy preocupado por:*
Fallecimiento del cónyuge (en un matrimonio o relación duradera).	100	
Divorcio.	73	
Separación o ruptura de cónyuges (en un matrimonio o un vínculo duradero).	65	
Período de encarcelamiento o internamiento.	63	
Muerte de un pariente cercano (uno de los padres, hermano, hijo).	63	
Heridas corporales, enfermedades graves o accidentes (personales).	53	
Matrimonio.	50	
Pérdida del trabajo (despido, desempleo, cierre del establecimiento).	47	
Reconciliación entre los cónyuges (en un matrimonio o una relación duradera).	45	
Jubilación (jubilación o retiro).	45	
Problemas de salud familiar o cambios en el comportamiento familiar.	44	
Embarazo.	40	
Dificultades sexuales.	39	

---

* Marcar los eventos que se te han presentado en el último año.

Estrés por la adaptación al cambio (a lo largo de un año)		Estoy preocupado por:*
Llegada de un nuevo miembro a la familia (nacimiento, adopción, persona mayor a cargo).	39	
Cualquier cambio en el mundo laboral (fusión, quiebra, otro).	39	
Cambio financiero (mejor o peor).	38	
Muerte de un amigo cercano.	37	
Cambio de actividades profesionales.	36	
Cambio en la relación con el cónyuge.	35	
Hipoteca elevada (más de 30.000 euros).	31	
Ejecución hipotecaria o de impago.	30	
Cambio de responsabilidades laborales (ascenso, degradación, alteración).	29	
Un hijo deja el hogar (matrimonio, universidad, profesión).	29	
Problemas con la ley.	29	
Éxitos personales excepcionales.	28	
El cónyuge comienza o deja de trabajar.	27	
Iniciar o completar los estudios.	26	
Cambio importante en las condiciones de vida.	25	
Cambio de hábitos personales (ropa, relaciones).	24	
Dificultades con el jefe.	23	
Cambio en el horario o las condiciones de trabajo.	20	
Cambio de residencia (mudanza).	20	
Cambio de lugar de estudio.	20	
Cambio en el ocio.	19	
Cambio en las actividades (o creencias) religiosas.	19	
Cambio en las actividades sociales (club, cine, relaciones).	18	
Subtotal		

Estrés por la adaptación al cambio (a lo largo de un año)		Estoy preocupado por:*
Hipoteca o préstamo promedio (menos de 30.000 euros).	17	
Cambio en los hábitos de sueño.	16	
Cambio en el número de reuniones y encuentros familiares.	15	
Cambio en los hábitos alimentarios (más/ menos, dietas, horarios, etc.).	15	
Vacaciones.	13	
Navidad.	12	
Contravenciones y violaciones menores de la ley.	11	
Subtotal		

Estrés permanente - Desgaste diario de eventos repetitivos[2]		
Molestias significativas y duraderas en el vecindario (ruido «infernal», martillos neumáticos).	30	
Enfermos graves o postrados en cama en la familia, uso indebido de drogas o de otro tipo.	40	
Familiares movilizados o que viven en zonas de riesgo de guerra, turbulencias o varias formas de violencia.	60	
Asalto, robo, violación, inspección fiscal, consecuencias de las huelgas largas o «trastornos».	40	
Catástrofes mediatizadas (gripe aviar, agujero en la capa de ozono, desastre petrolero, olas de calor, etc.).	20	
Subtotal		

Total general		

A cada potencial situación de estrés se le ha asignado una puntuación. Se trata de apuntar en la columna personal a la derecha los puntos correspondientes a aquellas situaciones que reconoces como vividas durante el año. Finalmente se suman los subtotales y se obtiene la puntuación final.

Cada uno puede asignar su propio valor a los eventos de la vida y por lo tanto adaptar las cifras de Holmes y Rahe.

Un total de doscientos es una señal de alarma; el cuarenta y nueve por ciento de las personas que obtuvieron trescientos puntos han sufrido una enfermedad durante el año o un accidente. Por lo tanto, se requerirá cuidado y atención y habrá que tomar medidas de gestión del estrés (recordando no obstante que una persona de cada dos no ha tenido nada).

La observación aguda y la «intuición»: suerte y serendipia

Cuando hablamos de intuición, olvidamos el significado original de la palabra en latín. El latín *intuitis* viene de *intuitere*, 'mirar con atención'. Es lo que llamamos *atención aguda*, o también *escuchar con el tercer oído, mirar con el tercer ojo* o lo que surge en la «atención flotante», como dicen los psicoanalistas.

Podemos tomar a Sherlock Holmes como modelo de observación aguda –un personaje ficticio, pero muy real e «intuitivo», y sobre todo observador–, que se describe a sí mismo como poseedor de muchos conocimientos dispersos, pero inaccesibles a través de la lógica y el pensamiento voluntario, algo así como unos baúles en un granero desordenado: abre uno de ellos, «como por casualidad» y encuentra un significado y una solución al problema mediante asociaciones de pensamientos.[3]

En cuanto a mí, digo: «Por una feliz casualidad», es decir, por «serendipia».

Recordemos a Horace Walpole (1717-1797) y su cuento *Los tres príncipes de Serendip* (antiguo nombre persa de la isla de Sri Lanka, la antigua Ceilán). Tenían la «facultad de hacer descubrimientos felices» e inesperados, como por la casualidad de una feliz coincidencia, que podría hacer un servicio a alguien conocido o desconocido que se encontraban en su camino. En inglés hallamos el término *serendipity* en el diccionario Webster ('serendipia').

El término fue asumido por el fisiólogo estadounidense Walter Cannon para calificar importantes descubrimientos científicos, debidos a la casualidad, captados al vuelo y seguidos de una acción inmediata, como el descubrimiento de la penicilina, por Flemming, a partir del moho que había proliferado en una placa de Petri sucia y olvidada que observó y estudió.

Esta es la gran diferencia entre la serendipia y la constatación de coincidencias: la *sincronicidad* de Jung.

Los antiguos griegos, en el gran período clásico, ya hablaban de tener buena suerte (*eutychia*, de *tychè*, 'fortuna').

Una *buena intuición clínica u observación aguda* (también llamada «calibración») de todo, objetos, resultados y relaciones humanas, en PNL, se basa en una seria formación inicial y continua, tanto en el arte de observar casi con un ojo fotográfico como en el conocimiento de las investigaciones científicas y clínicas recientes o en curso (sin saltar a las conclusiones de un trabajo aún inacabado).

Se trata de un conocimiento especializado y refinado sobre la comunicación verbal y no verbal de sentimientos y emociones, el «lenguaje corporal», el conocimiento sobre el desarrollo de la especie de nuestra propia civilización y de algunas otras también, de su propio contexto cultural y el del analizador o «cliente» que consulta, y de nuestra historia socio-económica-política-histórica pasada y reciente. Esta intuición u observación fina hace uso del «banco de datos» interno de cualquier clínico o «ayudante», psicoterapeuta, formador, acompañante, formador en relaciones humanas, trabajador social, etc., que tenga un interés particular en el tema.

Este trabajo «en serio» se basa en un *lenguaje verdadero* (no en un lenguaje vacío, estereotipado) y una *clara y recíproca alianza terapéutica*. El terapeuta se compromete a acompañar a su «cliente»-consultor a donde esté y a donde vaya, pero, por supuesto, no «promete» resultados: todo dependerá del «cliente»-consultor, de lo que piense, quiera, pueda, sienta, consciente y sobre todo inconscientemente, y del *momento adecuado*.

Se puede acudir a la sesión, invertir tiempo y dinero, pero no siempre es posible estar dispuesto o listo para comprometerse con el ser interior; entonces el proceso se convierte en una especie de «visita al museo»: todos los hechos evocados son verdaderos, pero sin presencia en el momento, sin que la emoción salvadora no cree una palabra vibrante de experiencia vivida (*ecceidad*), una realidad nueva y viva, la única que sería útil y funcional en una existencia trascendente, haciéndose consciente mediante una perlaboración (trabajo en uno mismo) y un cambio.

Tal y como lo formula el psicoanalista Willy Barral:

Es importante liberar, romper el silencio, cortar el vínculo infernal de la *lealtad inconsciente*. [...] Tanto el analizado (la persona que trabaja sobre sí misma) como el analista a veces parecen ignorar, lo cual es un procedimiento bien conocido en la estrategia de la palabra: el analizado ignora su propio conocimiento —el del inconsciente— mientras que el analista ignora todo sobre el trauma de su paciente, sin dejarse engañar en cuanto a la realidad de dicho trauma, para que finalmente surja a plena luz del día, ¡esta vez en una forma más iluminada![4]

Inconsciente y transferencia

Se ha discutido y debatido mucho sobre la transferencia y los psicoanalistas se han posicionado –yo entre ellos– sobre el hecho de que, sin saberlo ni quererlo, transferimos imágenes y vínculos del pasado a personas del presente, en especial a todas las figuras de autoridad, a los «supuestos conocedores» y a los que consultamos, por lo tanto a todos los psicólogos/psiquiatras, consultores y jefes de empresa.

Recordemos la famosa imagen utilizada por Freud del iceberg a la deriva, cuya ruta no se puede predecir teniendo en cuenta solo lo que es visible. Conviene comprender la parte sumergida, que es la más importante y la que lo dirige sin el conocimiento de nadie (ni el suyo propio, si es que puede decirse que un iceberg tiene conciencia).

Utilicemos un ejemplo personal.

Llevaba a cabo una formación para adultos en un hospital y era obligatoria la presencia de todo el personal (solo el cocinero estaba excusado, con el pretexto de que su cocina era excelente y que quería que lo dejasen en paz).

Una enfermera se levanta y dice:

—Me aburro, así que me voy.

Hace ademán de ponerse en pie para marcharse. Yo también me levanto y ella me dice:

—Adiós, caballero.

Yo repito:

—¿Caballero?

Y ella reacciona:

—Ah, perdón, señora.

Le pregunto inmediatamente:

—¿Le recuerdo a alguien?

—A mi supervisor.

—¿Y su supervisor a quién le recuerda?

—A mi padre...

(Silencio).

Vuelve a sentarse, suspira y susurra:

—Bueno, me quedo.

Y luego hicimos un trabajo muy bueno con ella.

Es obvio para mí que la transferencia existe y que quienes lo nieguen se engañan a sí mismos.

Pero todo el mundo es libre de creer lo que quiera.

Libre de elegir «no entender nada de nada», como se dice popularmente, y de burlarse de las teorías útiles.

Según Kurt Lewin: «Nada es tan práctico como una buena teoría», y para mí el psicoanálisis propone, con el concepto de transferencia, una de las claves más útiles de todo mi trabajo.

Por supuesto, el psicoanálisis en sí mismo es útil pero insuficiente para este trabajo, como lo son un nivel de educación universitaria o una formación técnica y clínica.

Pero es multiplicando los enfoques y contando con polirreferenciales como se identifican mejor y más completamente un montón de problemas.

El efecto placebo

Se ha demostrado que creer en la eficacia de un medicamento cura, y este deja de ser efectivo cuando ya no crees en ella. Hablo de ello en el anexo, porque lo que se aplica a los fármacos en más del veinte por ciento de la población también se aplica a todas las creencias en varias situaciones.

Muchos estudios han demostrado la eficacia, en cierto porcentaje de la población, de medicamentos sin ningún efecto, solo mientras esas personas creían en ello (y se enferman tan pronto como los medios de comunicación informan que dichos medicamentos no tenían ningún efecto).

Esto lo hablamos, en la década de los noventa, unos colegas y amigos y yo, con un médico de Lourdes, durante un congreso en Montreal presidido por el dalái lama y dedicado a los verdaderos factores de curación. Al igual que sus colegas, él iba a verificar los efectos reales a largo plazo de curaciones aparentes.

Explicó —ante los diversos ayudantes que entonces éramos, procedentes de una gama muy amplia de profesiones, escuelas, orígenes y formación básica— que muchas de las curaciones observadas en Lourdes «ya no se sostienen» una vez que el enfermo ha regresado a casa después de la peregrinación.

También nos dijo que los «psiquiatras», de varias escuelas, constatan un mayor número de curaciones en Lourdes...

El efecto de las creencias está cerca de la influencia de la transferencia, así como del efecto de la «magia» de ciertas aguas, estatuillas, talismanes, amuletos o signos.

Así como un medicamento sin valor puede tener un efecto positivo en la persona que cree en él —durante el tiempo que crea en él—, también un apoyo a través de algún «mediador» puede «ayudar» a quien cree en ello, con razón o sin ella, durante un período de tiempo.

Sin embargo, existe una paradoja: un individuo que solo cuenta con sus credenciales y conocimientos, sin arte, maneras o empatía, puede no ser capaz de ayudar en absoluto, o incluso ser dañino si es torpe o incapaz... Pero la ayuda de un profesional también puede ser perjudicial si este nos manda tras una falsa pista o destruye nuestras defensas.

Los diplomas, como la ausencia de ellos, no garantizan nada.

Por lo tanto, es necesario saber a quién se le pide realmente consejo y apoyo, y a quién se le abre el alma y se le encomienda la propia vida.

Porque cuidar el cuerpo, la mente, el alma y la vida de los demás es tanto una responsabilidad ética y social como una ciencia y un arte.

Psicogenealogía y trabajo

No te unes a una familia por casualidad: cuando te casas, te unes a la que se parece a la tuya.

Asimismo, en el ámbito laboral, no es casualidad que accedamos a ciertos trabajos o entremos en determinados negocios.

Y sobre todo, no nos quedamos allí sin motivo.

A menudo, la mesa de reunión es tanto un recordatorio de la vida y la evolución de los grupos de formación y psicoterapia ¡como de la mesa del comedor en familia! Todos jugarán un papel aprendido: víctima, chivo expiatorio, payaso, líder, salvador...

Encontramos aquí los efectos nocivos de una excesiva devoción por el otro a expensas de la propia vida y de los deseos y necesidades, y sus efectos perversos, cuando el «salvador», como en el caso del triángulo de Karpman, se convierte en víctima y el triángulo gira, la situación se vuelve intolerable; el salvador, que ya no ocupa el lugar de víctima, se convierte entonces en el perseguidor.[5]

A veces reproducimos hoy en día frente a un jefe o un compañero reacciones que hemos integrado de niños en nuestra familia: un jefe que nos recuerda a un padre autocrático nos hará reaccionar con una forma de sumisión, o de rebelión, exactamente como lo hacíamos en la infancia; un colega que obtiene un ascenso en nuestro lugar exacerbará los celos que teníamos hacia nuestro hermanito o hermanita; una directora insoportable nos recordará sin duda a nuestra madre, y cada encuentro generará un repliegue en los patrones de comportamiento familiar que tenemos grabados.

Así, superponemos el presente y el pasado «en punto de capitoné», según la expresión «tapicera» de Jacques Lacan.[*] Identificar esta superposición permite liberarse de situaciones estresantes.

El mundo laboral actual es particularmente inseguro y, como en las familias del pasado, es importante que todas las emociones estén (en principio) bajo control: solo debe mostrarse la perfección, manteniendo el rango y la reputación.

Este control refuerza los viejos reflejos de las defensas incorporadas e intensifica el estrés; y, como en las familias, el medio profesional cuenta con sus implícitos, sus reglas visibles e invisibles, sus paradojas, y las comunicaciones oficiales tienen a menudo la virtud de bloquear la verdadera palabra y la comunicación. Se nos pregunta: «Dime en qué piensas –o piensa para tus adentros– pero piensa bien».

La intensa sensación de inseguridad en el trabajo aumenta por los planes sociales que hacen que cualquier trabajador modelo, cualquier ejecutivo efectivo pueda, de la noche a la mañana, ser despedido y a menudo de forma abrupta (la fábrica se trasladó, la oficina se cerró con llave, un taxi para llevar a los despedidos a su casa, sin ninguna explicación).

Esta violencia «invisible», cuyos perpetradores no están claramente identificados, plantea la pregunta: ¿cuáles son las consecuencias para la vida familiar hoy en día (cuando, por ejemplo, una familia se convierte en desempleada), y cuál será el impacto de esto en las generaciones futuras?

Este punto ya ha sido planteado en algunos suburbios, donde sabemos que hay generaciones que nunca vieron levantarse por la mañana a sus padres para ir a trabajar. Muchos niños habrán visto a sus padres depender de la asistencia social para el resto de sus vidas. No se sabe qué es peor.

---

[*] Ver nota al pie en página 50.

La «justicia real, restaurativa»* de los maoríes

ste es el concepto de la verdadera justicia (*real justice*) que sería humana y no solo únicamente legal, sin consecuencias penales, administrativas o policiales; porque los castigos infligidos, generalmente, endurecen a la gente en la cárcel, ¿no? Nunca mejoran y no provocan verdaderos cambios o arrepentimiento real.

Es una costumbre tradicional maorí, aún en vigor, retomada en Canadá, algo en Estados Unidos y recientemente introducida en Suecia.

La justicia restaurativa es un enfoque diferente del enfoque tradicional administrativo y judicial para todos los que están implicados y afectados por los delitos.

Se puede utilizar tanto para delitos sangrientos y atroces como para delitos no violentos y también para delincuentes juveniles.

La justicia restaurativa se centra ante todo en la víctima, su familia y sus seres queridos, y reconoce plenamente el daño causado por el malhechor, así como el drama.

Facilita al transgresor (delincuente o criminal) la comprensión de los hechos graves y la asunción de responsabilidades por las

---

* N. del T.: También conocida como justicia reparadora o justicia compasiva.

consecuencias de sus actos, creando un diálogo directo o indirecto con la víctima, la familia de la víctima y la comunidad (vecindario y sociedad).

El enfoque de la justicia restaurativa es proporcionar asistencia y apoyo a la víctima, sus familiares y amigos, para expresar todo el daño que se les ha causado y responder a sus necesidades reales, generadas por el delito.

La justicia restaurativa espera del malhechor que asuma toda la responsabilidad de sus acciones y lo ayuda en todos los pasos para encontrar una solución a fin de curar las heridas que causó y reparar lo mejor posible el daño hecho.

Fue utilizada por los pueblos indígenas (incluyendo a los maoríes) para mantener a la comunidad unida, preservando las normas de conducta e identificando el daño hecho a toda la comunidad y sus miembros.

La justicia restaurativa no es un «programa» particular, sino un enfoque particular, más humano e integral, de la delincuencia, los delincuentes, las víctimas y sus familias.

> Cuando estudias el «delito» con una lupa o unos prismáticos, ves que es una violación de las personas y las relaciones. Por lo tanto, crea una obligación de arreglar y poner las cosas en orden. La justicia implica a la víctima, al delincuente y a la comunidad en la búsqueda de soluciones para reparar, reconciliar y tranquilizar.
>
> Howard Zehr

La justicia restaurativa ofrece un marco diferente para comprender la delincuencia y responder a ella. El delito se entiende como el daño causado a los individuos y a la comunidad en general, más que como una simple violación de leyes abstractas contra el Estado. A los más afectados por el delito —las víctimas, los miembros de la comunidad y los delincuentes—, se los anima para que desempeñen un papel activo en el proceso de justicia. En lugar de centrarse en el castigo de los culpables, el énfasis se pone en la restauración del daño emocional y material que resultó del delito, que es mucho más importante.

Marc Umbreit

La justicia restaurativa es una justicia de proximidad y comunitaria, porque la delincuencia es un problema de la comunidad, que requiere una solución comunitaria. Nunca podremos reclutar suficientes policías, jueces y guardias de prisión para resolver nuestro problema de delincuencia. Podemos y debemos formar parte de la solución.

Marty Price

En esta tradición indígena maorí, se trata de crear «libremente», es decir, sin consecuencias legales, una «encrucijada», un lugar de encuentro, un lugar para reunirse todos los que están estrechamente −o de lejos− involucrados en el drama, para expresar solo lo que cada persona siente.

Solo para expresarse, no para discutir ni acusar.

Sería importante, útil y justo dar voz a todos los que están fuera de un tribunal de justicia para que todos los involucrados puedan expresar sus sentimientos.

Esto se realiza en un lugar neutral, fuera de la justicia, la venganza, las consecuencias, de modo que cada una de las partes (tanto «culpables» como «víctimas inocentes») exprese sus sentimientos juntos en la misma encrucijada: las familias de las víctimas y las familias de los traumatizados, las víctimas, los heridos, los despojados, los amigos (incluyendo a la «novia»), vecinos, testigos y transeúntes ocasionales.

Para los maoríes, un acto injusto provoca sufrimiento a todas las partes: la familia del «culpable», la familia de la víctima y la propia víctima, si ha sobrevivido.

Consiste en darles voz a todos, para que todos los involucrados puedan expresar sus sentimientos; todos han sufrido las repercusiones, a menudo con daños significativos y duraderos.

Todos expresan sus sentimientos y experiencias, sin juzgar. El efecto de lo que ha sucedido puede entonces sentirse realmente, y a menudo la vida puede reemprenderse.

Algunas de las sesiones fueron filmadas. Gracias a una colega sueca, Eva Fahlstrom, pude ver y estudiar la cinta de un suceso que se convirtió en un drama mortal, un «pequeño atraco» en un restaurante de comida rápida australiano donde por mala suerte (dicen los ladrones) un joven recibió disparos y murió.

El oficial de policía encargado de la investigación, Terry O'Connell, observando que nada ha cambiado en un año, tiene la idea de retomar la costumbre maorí de una reunión fuera de la justicia legal, y sin consecuencias penales o administrativas, de todos los que están involucrados directa o indirectamente en este drama, y convocarlos en un mismo lugar y al mismo tiempo.

La madre del joven asesinado trae un paquetito con sus cenizas y, llorando, las deposita en el regazo del más joven y menos involucrado de los tres criminales (el que no disparó) mientras le dice: «Tú estás en prisión, y yo estoy en una prisión mucho peor, encerrada en esta muerte de por vida, la pérdida de mi hijo».

El criminal finalmente entiende lo que ha hecho, deja de repetir que solo fue una desafortunada coincidencia y «se da cuenta» de que al tomar un arma para ese «pequeño atraco» había, de hecho, creado la posibilidad de disparar. Así que, llorando, pide perdón a la madre...

Para mí, este ejemplo es inolvidable, pues plantea el problema de la educación con una pedagogía que puede describirse según cuatro enfoques diferentes: punitivo, negligente (una falsa concepción de la «no injerencia»), permisivo y reparador, con dos ejes: control y apoyo.

Solo la combinación de un alto nivel de control y al mismo tiempo un alto nivel de apoyo conduce a resultados pedagógicos y humanos sostenibles y verdaderos, porque siempre diferencia entre el acto y la persona, y no condena a la persona por un acto, sino solo el acto, lo que impide que ocurra o se repita.

Me detendré aquí, ya que he desarrollado este punto de *real justice* en otra obra. Pero quería hablar de ello, porque este concepto de verdadera justicia restaurativa es importante para lograr un cambio real y para abordar el problema real, incluido el «problema» de los suburbios y la delincuencia juvenil.

Algunos enlaces útiles son:

- www.realjustice.org: se pueden encontrar las indicaciones de la sesión filmada de justicia restaurativa y del «pequeño atraco» que se convirtió en asesinato.
- El Victim-Offender Reconciliation Program (Programa de Reconciliación entre Víctimas y Delincuentes) (VORP), dirigido por Marty Price, que se centra en la mediación entre víctimas y delincuentes y en la reconciliación y el diálogo. Su sitio es serio y con una perspectiva internacional: www.vorp.com.
- El Restorative Justice Resource Center ('centro de recursos de justicia restaurativa'), que ofrece una visión más amplia de la justicia restaurativa y de sus aplicaciones: www.restorativejustice.inf.

El triángulo perverso, o influir en el otro con el pretexto de ayudarlo

Se han producido muchos abusos con el pretexto de ayudar a los demás.

Muchas personas de buena voluntad (o personas que se conocen mal) se han visto abrumadas por esa «buena voluntad» y sus «deseos de ayudar a los demás», y se han vuelto apremiantes.

Por lo tanto, son difíciles para con la «persona amada» a la que quieren «ayudar» a su manera, y a la que se han «dedicado», prestándole a veces una ayuda fatal, incluso mortal.

Aquí podríamos citar a Françoise Dolto y su explicación de la ayuda basada en los Evangelios y el ejemplo del buen samaritano (*El Evangelio ante el psicoanálisis*).

El buen samaritano descubre en el camino a un hombre gravemente herido, lo recoge y lo lleva a una posada, deja que el posadero lo cuide y lo alimente, y se va sin dar su nombre pero diciendo que volverá y pagará otros gastos si hay algún problema.

No se aparta de su camino, no pide nada a cambio, no requiere ningún agradecimiento, ni tampoco requiere reconocimiento personal, y permanecerá en el anonimato.

De esta manera, la víctima estará en la situación de poder devolver a otros el bien o la asistencia que ha recibido, pero no puede mostrar gratitud al que lo salvó (ayudándolo, no como un rescatador).

Esta situación puede explicarse y demostrarse por el triángulo de Karpman, a menudo llamado el triángulo perverso.

Tomemos un pequeño ejemplo.

El líder *scout* le pregunta a su tropa de jóvenes lobatos si han hecho su BA (buena acción) del día.

El primero dice:

—Ayudé a una anciana ciega a cruzar.

El segundo responde:

—Ayudé a una anciana ciega a cruzar.

El tercero contesta:

—Ayudé a una anciana ciega a cruzar.

El cuarto repite:

—Ayudé a una anciana ciega a cruzar.

El jefe de exploradores pregunta, sorprendido:

—¿Conocisteis a cuatro ancianas ciegas diferentes esta mañana?

Y el más joven responde:

—No, era la misma señora, y no quería cruzar. Pero nosotros necesitábamos una BA y había una pastelería al otro lado, y eso hubiera sido bueno para ella... y para mí también.

Trágicamente, a menudo vemos, cuando uno apoya a los pacientes de cáncer en fase terminal y, como siempre, con altibajos, durante una mejoría que sigue a una nueva recaída, que la «devota familia» exclama en el pasillo: «Pobrecito, va a sufrir de nuevo, sería mejor para él que se fuera ahora y que ya no sufriera más».

Y como por casualidad, o por el efecto de un intenso deseo, el enfermo que estaba mejorando muere pocas horas después...

Lo que se dice en el pasillo o durante una operación (durante la cual el paciente está dormido) tiene un efecto directo sobre él.

El paciente «se irá», es decir, se dejará ir y morirá repentinamente, porque se expresa un deseo de muerte.

Este abuso de poder y esta desviación de la buena voluntad y el deseo de ayudar a toda costa, se aprecian de otra manera en el «triángulo perverso».

El triángulo de Karpman es una presentación triangular que pone en evidencia al opresor o al perseguidor, la víctima y el salvador.

Perseguidor

Víctima   Salvador

El salvador desea «salvar» a la víctima y a ello consagra todo su tiempo y energía, y pronto se agota y a su vez se convierte en víctima de la situación, y el enfermo grave (la víctima), en su perseguidor. Así que, humanamente hablando, va a desear que la situación se detenga, y la exvíctima enferma, que se ha convertido en perseguidor, se convierte de nuevo en víctima y desaparece (al morir rápidamente, incluso si estaba en remisión).

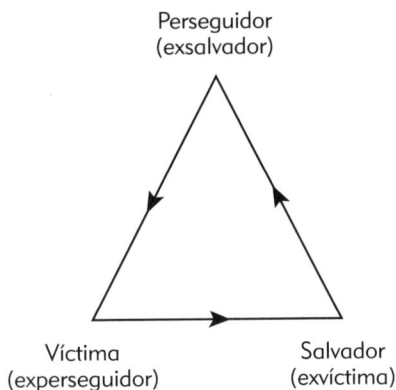

Perseguidor
(exsalvador)

Víctima   Salvador
(experseguidor)   (exvíctima)

Este triángulo gira y puede rotar en ambas direcciones: el salvador se convierte en una víctima cuando se «sacrifica» demasiado, al perder su vida personal, ya que ahora es una víctima del enfermo, que ocupa el lugar del perseguidor.

Pero, de hecho, el salvador había tomado el poder sobre la víctima y estaba haciendo demasiado sin darse cuenta. Tenía un deseo de poder sin saberlo.

El salvador quería «salvar», cuando solo habría que «ayudar», dejar cualquier decisión y poder al paciente, a la víctima, y no decidir todo por él; lo que los estadounidenses llaman un *ego trip* ('viaje del ego') del salvador.

Para tener una relación sana con alguien, no hay que adoptar nunca el papel del salvador, sino el del ayudante, no haciendo más que lo que es un mínimo indispensable para la supervivencia de la víctima y sobre todo pidiéndole su opinión sobre lo que realmente quiere (la única excepción es el paciente en coma o en cuidados intensivos).

Hemos visto a muchos «salvadores» impedir, «por su propio bien», visitas que el paciente deseaba con todo su corazón (y que podían ser, por ejemplo, de una segunda familia, un amigo de corazón, hijos adulterinos o naturales), y finalmente varios amigos con los que el paciente (la víctima) quería hablar confidencialmente —o despedirse— y a los que se les impedía hacerlo «por su propio bien», de manera tristemente desagradable o trágica.

No hay nada tan devastador como hacer cosas para los demás sin preguntarles si eso es realmente lo que quieren, y de nuevo, al preguntarles de cierta manera, a veces obligamos a la otra persona a decir sí o a no protestar, porque se tiene demasiada influencia sobre ella, por cortesía, por miedo a una ruptura familiar o de amistad o por temor a unas consecuencias que ya no nos sentimos con fuerza para afrontar.

Desconfiemos de la gente dominante que siempre lo sabe todo y lo que les conviene a los demás, sin preguntarles: los obligan indirectamente.

De hecho, hay un dicho popular en Francia: «Los asesores no son los pagadores».

De hecho, los débiles, los niños, los enfermos y los ancianos son a menudo víctimas de quienes creen saber lo que estos necesitan y de alguna manera deciden por ellos y los obligan.

También hay un juego muy conocido, el del gato y el ratón, que se encuentra en una famosa serie de dibujos animados: *Tom y Jerry*. Cuando el gato está a punto de comerse al ratón, se detiene (porque si se lo come, ya no podrá asustarlo y perseguirlo). Entonces el ratón (la víctima se convierte en perseguidor) triunfa y se ríe del gato (que se convierte así en la víctima). Y el juego comienza una y otra vez, para el gran placer de niños y mayores por igual. Estos dibujos animados llevan décadas de éxito, quizás porque está encubriendo una realidad familiar y social que uno evita mirar directamente.

Bibliografía

ABRAHAM Ada, «Le co-soi, ou le synthéisme primaire», en René Kaës (dir.), *Les Voies de la psyché: hommage à Didier Anzieu*, París, Dunod, 1994, pp. 326-340.

ABRAHAM Nicolas, «Le travail du fantôme dans l'inconscient et la loi de nescience», en Nicolas Abraham y Maria Török, *L'Écorce et le Noyau*, París, Aubier-Flammarion,1978, pp. 393-474.

ABRAHAM Nicolas y TÖRÖK Maria, *Le Verbier de l'homme aux loups*, París, Aubier-Flammarion, 1967.

_____ *L'Écorce et le Noyau*, París, Aubier-Flammarion, 1978.

ADAM Géraldine, *À la découverte de la psychogénéalogie. Conséquences et effets du passé familial sur nos vies*, París, Éditions du Dauphin, 2006.

ADER Robert, *Psycho-neuro-immunology*, Nueva York, Academic Press, 1991.

ALFÖLDI Francis, «Un outil de travail et de symbolisation. Le méta-modèle du traumatisme mortifère. Secrets de famille, dits, non-dits, émotions», *Dialogue*, n.º 140, 1998, pp. 47-55.

ALTOUNIAN Janine, *La Survivance. Traduire le trauma collectif*, París, Dunod, 2000.

ANCELIN SCHÜTZENBERGER Anne, *Le Psychodrame: théorie et pratique* (1966), 4.ª ed., París, Payot, col. «Petite Bibliothèque Payot», 2008.

_____ *L'Observation dans les groupes de formation et de thérapie*, París, Épi, 1972.

_____ *La Sociométrie*, París, Éditions universitaires, 1972.

_____ *Contribution à l'étude de la communication non verbale* (1976), Lille, Atelier de reproduction des thèses, Université de Lille-III et París, Librairie Honoré Champion, 1978.

_____ (con Lionel Lacaze), «Réflexion sur les phénomènes psycho-sociaux impliqués dans le processus de stigmatisation et d'étiquetage social ("labelling")», en *La Théorie de la stigmatisation et la réalité criminologique*, 18e Congrès français de criminologie (18-20 de octubre de 1979, Aix-en-Provence) bajo los auspicios de la Association française de criminologie, Aix-en-Provence-Marseille, Presses universitaires d'Aix-Marseille, 1979, pp. 289-296.

_____ «Corps et identité», en Pierre Tap (dir.), *Production et affirmation de l'identité. Colloque international, Toulouse, septembre 1979. 1: Identité individuelle et personnalisation*, Toulouse, Privat, 1980, pp. 305-312.

_____*Le Jeu de rôle* (1981), 3.ª ed., París, ESF, 1990.

_____«Psychodrame, roman familial, génosociogramme et formation», colectivamente, *L'Homme et ses potentialités*, París, ESF, 1984, pp. 109-122.

_____«La vie, la mort dans l'imaginaire familial. Réflexions et cas cliniques», en Essedik Jeddi (dir.), *Psychose, famille, culture. Recherches en psychiatrie sociale*, París, L'Harmattan, 1985, pp. 404-415.

_____*Vouloir guérir* (1985), 7.ª ed., París, Desclée de Brouwer, 1996.

_____«Diagnostic et pronostic d'une maladie fatale terminale», en Jean Guyotat y Pierre Fedida, *Événement et psychopathologie*, Villeurbanne, SIMEP, 1985, pp. 124-126.

_____«Stress, cancer, liens transgénérationnels», *Question de*, número especial *Médecines nouvelles et psychologies transpersonnelles*, n.º 64, marzo de 1986, pp. 77-101.

_____«Forme européenne inconsciente du chamanisme. La "réalisation automatique des prédictions"», en *Transe, chamanisme, possession. De la fête à l'extase. Actes des 2e Rencontres internationales sur la fête et la communication, Nice, Acropolis, 24-28 avril 1985*, Niza, Serre, 1986, pp. 81-87.

_____«L'inconscient a bonne mémoire», *Journal des psychologues*, n.º 48, 1987.

_____«The Drama of the Seriously Ill Patient. Fifteen Years Experience of Psychodrama and Cancer», en Paul Holmes y Marcia Karp (dirs.), *Psychadrama. Inspiration and Technique*, Londres y Nueva York, Routledge/Tavistock, 1991, pp. 203-205.

_____*Aïe, mes aïeux! Liens transgénérationnels, secrets de famille, syndrome d'anniversaire, transmission des traumatismes et pratique du génosociogramme* (1993), 16.ª ed., París, Desclée de Brouwer, 2009.

_____«Vie transgénérationnelle et maladie», en Luc Bessette (dir.), *Le Processus de guérison. Par-delà la souffrance et la mort*, Montreal (Quebec), MNH, 1994, pp. 57-70.

_____«Le cancer en cascade et en ressac. Exemple de syndrome d'anniversaire», en Luc Bessette (dir.), *Le Deuil comme processus de guérison*, Montreal (Québec), MNH, 1995.

_____«L'enfant de remplacement et l'enfant réparateur. Souvenir d'un traumatisme que l'on a pas vécu», en Luc Bessette (dir.), *Le Deuil comme processus de guérison*, Montreal (Quebec), MNH, 1995, pp. 166-176.

_____«Transmission de l'angoisse indicible et transgénérationnelle. L'angoisse d'un traumatisme qu'on n'a pas vécu», *Bulletin de psychologie*, t. LIX, n.º 423, abril de 1996.

_____«La sérendipité. Les rencontres dues à la chance d'un hasard heureux et à la sagacité, avec le don de saisir au vol la chance et l'instant propice», en *Hommage au doyen J. P. Weiss*, Publications de la Faculté des lettres, arts et sciences humaines de Nice-SophiaAntipolis, n.º 27, 1996, pp. 61-81.

_____«Phénomènes transgénérationnels et crises de la société et de la famille», Niza, Écrits, 1996.

_____«Transgenerational Psychotherapy. Health and Death. Family Links through the Family Tree», *Caduceus*, n.º 35, marzo de 1997.

_____«Préface», en Nina Canault, *Comment paye-t-on les fautes de ses ancêtres?*, París, Desclée de Brouwer, 1998.

_____«About Psychodrama and Epilogue», en Marcia Karp, Paul Holmes y Kate Bradshaw Tauvon, *The Handbook of Psychodrama*, Nueva York y Londres, Routledge, 1998.

_____«De génération en génération. Liens transgénérationnels», en Huguette Caglar (dir.), *Être enseignant, un métier impossible? Hommage à Ada Abraham*, París, L'Harmattan, 1999.

_____«Health and Death. Hidden links through the family tree» (1999), en Peter-Felix Kellermann y Kate Hudgins (dirs.), *Psychodrama with Trauma Survivors. Acting out your Pain*, Londres y Filadelfia, Jessica Kingsley, 2000.

_____«Héritage familial inconscient, stigmates de traumatismes familiaux», en Huguette Caglar (dir.), *Être enseignant, un métier impossible? Hommage à Ada Abraham*, París, L'Harmattan, 1999, pp. 225-267.

_____«La maladie gravissime et ses retombées sur la famille. Choc traumatique, poids du secret, et syndrome d'anniversaire», *Actes de la 2e Journée régionale de soins palliatifs*, Bourges, 19 de noviembre de 1999.

_____«Génogramme et thérapie familiale», *Cahiers critiques de thérapie familiale et de pratiques de réseaux*, n.º 25, 2000/2.

_____«Postface», en S. H. Foulkes, *La Groupe-analyse*, París, Payot, col. «Petite Bibliothèque Payot», 2004.

_____«Secrets, secrets de famille et transmissions invisibles», *Cahiers critiques de thérapie familiale et de pratiques de réseaux*, n.º 33, 2004/2, pp. 35-54.

_____«Éléments d'histoire de vie et choix théoriques», en France Aubert (dir.), *Parcours de femmes. Histoires de vie et choix théoriques en sciences sociales*, París, L'Harmattan, 2005, pp. 159-235.

_____«Transgenerational Analysis and Psychodrama. Applying and Extending Moreno's Concepts of the Co-unconscious and the Social Atom to Transgenerational Links», en Clark Baim, Jorge Burmeister y Manuela Maciel (dirs.), *Psychodrama. Advances in Theory and Practice*, 2.ª ed., Nueva York y Londres, Routledge, 2007, pp. 155-174.

_____«Transgenerational Analysis and Psychodrama», en Clark Baim, Jorge Burmeister y Manuela Maciel (dirs.), *Psychodrama. Advances Psychogénéalogie/in Theory and Practice*, 2.ª ed., Nueva York y Londres, Routledge, 2007, pp. 155-175.

_____*Psychogénéalogie. Guérir les blessures familiales et se retrouver soi* (2007), 2.ª ed., París, Payot, 2012.

_____*Le Plaisir de vivre* (2009), París, Payot, col. «Petite Bibliothèque Payot», 2011.

_____*Exercices pratiques de psychogénéalogie. Pour découvrir ses secrets de famille, être fidèle aux ancêtres, choisir sa propre vie*, París, Payot, 2011.

ANCELIN SCHÜTZENBERGER Anne, ABRAHAM Ada, ALVEZ SANCHEZ Aldo y GEOFFROY Yannick, «Essai d'une analyse pluridimensionnelle du soi», *Annales de la Faculté des lettres et des sciences humaines de l'université de Nice*, n.º 31, 1978, pp. 27-67.

ANCELIN SCHÜTZENBERGER Anne y DEVROEDE Ghislain, *Ces enfants malades de leurs parents*, 2.ª ed., París, Payot, col. «Petite Bibliothèque Payot», 2005.

ANCELIN SCHÜTZENBERGER Anne y BISSONE JEUFROY Évelyne, *Sortir du deuil. Surmonter son chagrin et réapprendre à vivre*, 2.ª ed., París, Payot, col. «Petite Bibliothèque Payot», 2008.

ANET Claude, *Ariane, jeune fille russe*, París, Grasset, 1929.

ANSKY Shloyme, *The Dybbuk and Other Writings*, Nueva York, Schocken Books, 1992.

ANTHONY Elwyn James y CHILAND Colette (dirs.), *L'Enfant dans sa famille. Le Développement en péril*, París, PUF, 1992.

ANTHONY Elwyn James y COHLER Bertram J. (dirs.), *The Invulnerable Child*, Nueva York, The Guilford Press, 1987.

ANZIEU Didier, *El yo piel,* Madrid, Biblioteca nueva, 2013.

ANZIEU Didier, HOUZEL Didier *et al.*, *Las envolturas psíquicas*, Madrid, AMORRORTU, 2013.

ANZIEU Didier, TISSERON Serge *et al.*, *Les Contenants de pensée*, París, Dunod, 1993.

ARIÈS Philippe, DOLTO Françoise, RAIMBAULT Ginette, SCHWARTZENBERG Léon y MARTY François, *En face de la mort*, Toulouse, Privat, 1983.

AULAGNIER Piera, *La violencia de la interpretación*, Madrid, AMORRORTU, 2013.

_____«Le droit au secret», en *L'Apprentihistorien et le maître-sorcier. Du discours identifiant au discours délirant* (1984), 4.ª ed., París, PUF, 2004.

AUSLOOS Guy, «Secrets de famille», *Annales de psychothérapie. Changements systémiques en thérapie familiale*, París, ESF, 1980, pp. 62-80.

AVRANE Patrick, *Sherlock Holmes & Cie. Détectives freudiens*, París, Louis Audibert, 2005.

BACH Richard, *Juan Salvador Gaviota*, Barcelona, Vergara, 2018.

BACQUÉ Marie-Frédérique (dir.), *Apprivoiser la mort*, París, Odile Jacob, 2003.

BAIM Clark, BURMEISTER Jorge y MACIEL Manuela, *Psychodrama. Advances in Theory and Practice*, Londres-Nueva York, Routledge, 2007.

BALMARY Marie, *L'Homme aux statues. Freud et la faute cachée du père* (1979), 3.ª ed., París, Grasset, 1997.

BALZAC Honoré de, *El coronel Chabert*, Barcelona, Penguin Clásicos, 2015.

BANDLER Richard y GRINDER John, *Les Secrets de la communication. Transformez votre vie et celle des autres avec la PNL* (1983), París, J'ai lu, 2011.

BAR-ON Dan, *L'Héritage du silence. Rencontres avec des enfants du IIIe Reich* (1991), París, L'Harmattan, 2005.

_____*Fear and Hope. Three Generations of the Holocaust*, Cambridge (Mass.), Harvard University Press, 1998.

_____ *The Indescribable and Undiscussable. Reconstructing Human Discourse After Trauma*, Budapest, Central European University Press, 1998.

BASSET Lytta, *Le Pouvoir de pardonner*, París, Albin Michel, 1999.

BATESON Gregory, *Espíritu y naturaleza*, Madrid, AMORRORTU, 2013.

_____ *La Nature et la Pensée*, París, Seuil, 1984.

BATESON Gregory, JACKSON Don y HALEY Jay, «Toward a Theory of Schizophrenia», *Behavior Science*, 1 (4), 1956, pp. 251-264.

BATTAGLIOLA Françoise, BERTAUX-WIAME Isabelle, FERRAND Michèle y IMBERT Françoise, *Dire sa vie: entre travail et famille: la construction sociale des trajectoires*. CNRS (Centre de sociologie urbaine); IRESCO (Institut de recherche sur les sociétés contemporaines), Travail et mobilités, Université de París X, Champigny, Centre de sociologie urbaine, 1991.

BEAUCARNOT Jean-Louis, *Drôles d'ancêtres. Histoires extraordinaires de généalogies*, París, Éditions de Trévise, 1981.

_____ *Les Noms de famille et leurs secrets* (1988), 2.ª ed., París, Le Livre de poche, 2003.

BEAUREPAIRE Renaud de, «Les mémoires traumatiques de Rachel Yehuda», *Dépression*, n.º 10, enero-abril de 1998.

BEDDOCK Francine, *L'Héritage de l'oubli. De Freud à Claude Lanzmann*, Niza, Z'Éditions, 1988.

BEN JELOUN Tahar et alii, *Raconte-moi la vie*, París, Hachette Jeunesse/Disney, 1994.

BERNARD Jean, *Le Syndrome du colonel Chabert, ou le Vivant mort*, París, Buchet/Chastel, 1992.

BERNE Éric, *Más allá de juegos y guiones*, Sevilla, Jeder, 2016.

_____ *Que dites-vous après avoir dit bonjour?*, París, Tchou, 1977.

_____ *Juegos en que participamos*, Barcelona, RBA, 2007.

BERTALANFFY Ludwig von, *Théorie générale des systèmes* (1973), 4.ª ed., París, Dunod, 2009.

BETTELHEIM Bruno, *La Forteresse vide. L'autisme infantile et la naissance du soi*, París, Gallimard, 1969.

_____ *Les Enfants du rêve*, París, Robert Laffont, 1971.

BION Wilfred Ruprecht, «L'hallucination», en *Réflexion faite*, 5.ª ed., París, PUF, 2002.

BIRDWHISTELL Ray L., *Kinesics and Context. Essays on Body Motion Communication*, Filadelfia, University of Pennsylvania Press, 1970.

BLANCHARD François, «Pour un autre regard sur la démence», Gérontologie et Société, n.º 72, 1995, pp. 156-166.

BÖSZÖRMENYI-NAGY Ivan y SPARK Geraldine M., *Lealtades invisibles*, Madrid, AMORRORTU, 2013.

BÖSZÖRMENYI-NAGY Ivan y FRAMO James L., *Psychothérapies familiales. Aspects théoriques et pratiques*, París, PUF, 1980.

BOWEN Murray, *La terapia familiar en la práctica clínica*, Bowen Center for the Study of the Family, 2016.

_____La Différenciation du soi. Les triangles et les systèmes émotifs, 2.ª ed., París, ESF, 1996.

BOWLBY John, Vínculos afectivos: formación, desarrollo y pérdida, Madrid, Ediciones Morata, 2014.

BRADSHAW John, Volver a casa. Recuperación y reivindicación del niño interior, Madrid, Gaia ediciones, 2017.

BRIGGS John y PEAT F. David, Un miroir turbulent. Guide illustré de la théorie du chaos, París, InterÉditions, 1991.

BROSSARD Alain y COSNIER Jacques (dir.), La Communication non verbale, Neuchâtel y París, Delachaux et Niestlé, 1984.

BROUSSE Myriam, Le corps ne le sait pas encore. Mémoire cellulaire, chemin de conscience, La Penne-sur-Huveaune, Quintescence, 2002.

BUBER Martin, Yo y tú, Buenos Aires, Prometeo libros 2014.

BYDLOWSKY Monique, La Dette de vie. Itinéraire psychanalytique de la maternité, 5.ª ed., París, PUF, 2008.

CANNON Walter B., The Way of an Investigator. À Scientist's Experiences in Medical Research, Nueva York, Norton, 1945.

CAPRA Fritjof, El Tao de la física, Málaga, Sirio, 2017.

CARLIER Émile, Mort? pas encore! Mes souvenirs, 1914-1918, Douai, Société archéologique de Douai, 1993.

CARTER Elizabeth A. y MCGOLDRICK Monica (dir.), The Family Life Cycle. À Framework for Family Therapy, Nueva York, John Wiley, 1980.

CHOPRA Deepak, Curación cuántica, Madrid, Gaia, 2014.

CIAVALDINI André, «L'être d'exil ou les traces immémoriales de l'oubli», en Abdessalem Yahyaoui (dir.), Corps, espace-temps et traces de l'exil. Incidences cliniques, Grenoble, La Pensée sauvage, 1991.

CLÉMENT Marie, Le Guide Marabout de la généalogie, Bruselas, Marabout, 1984.

COEURÉ Sophie, La Mémoire spoliée. Les archives des Français, butin de guerre nazi puis soviétique, París, Payot, 2007.

COLLECTIF, Paroles de Poilus. Lettres et carnets du front, 1914-1918, París, Librio-Radio-France, 1998.

CORNEAU Guy, Père manquant, fils manqué. Que sont les pères devenus?, Montréal, Éditions de l'Homme, 2003.

COSTA DE BEAUREGARD Olivier, Le Second Principe de la science du temps. Entropie, information, irréversibilité, París, Seuil, 1963.

_____Le Temps déployé, París, Éditions du Rocher, 1988.

COTTLE Thomas J., Enfants prisonniers d'un secret, París, Robert Laffont, 1995.

COURCHET Jean-Louis y MAUCORPS Pierre-Hassan (con la colaboración de Jeannine-G. Maucorps y Jean-Pierre Pétard), Le Vide social. Ses conséquences et leur traitement par la revendication. Recherches biologiques et sociologiques, París, La Haye, Mouton, 1973.

COUSINS Norman, La Biologie de l'espoir. Le rôle du moral dans la guérison, París, Seuil, 1991.

COUVERT Barbara, *Au coeur du secret de famille*, París, Desclée de Brouwer, 2000.

CROCQ Louis, *Les Traumatismes psychiques de guerre*, París, Odile Jacob, 1999.

CYRULNIK Boris, *Mémoire de singe et paroles d'homme*, París, Hachette, 1983.

_____*La Naissance du sens*, París, Hachette, 1991.

_____*Bajo el signo del vínculo*, Barcelona, GEDISA, 2005.

_____*Les Nourritures affectives*, París, Odile Jacob, 1993.

_____*De la parole comme d'une molécule*, París, Seuil, 1995.

_____*L'Ensorcellement du monde*, París, Odile Jacob, 1997.

_____*La maravilla del dolor*, Barcelona, Granica, 2006.

_____*Los patitos feos*, Barcelona, DEBOLSILLO, 2013.

_____*El murmullo de los fantasmas*, Barcelona, GEDISA, 2003.

_____*De cuerpo y alma*, Barcelona, GEDISA, 2007.

_____*Parler d'amour au bord du gouffre*, París, Odile Jacob, 2007.

_____*Me acuerdo: el exilio de la infancia. Autobiografía*, Barcelona, GEDISA, 2020.

_____*Morirse de vergüenza*, Barcelona, DEBOLSILLO, 2021 .

CYRULNIK Boris, HÉRITIER Françoise y NAOURI Aldo, *De l'inceste*, París, Odile Jacob, 1994.

CYRULNIK Boris y SOULÉ Michel, *L'Intelligence avant la parole,* París, Odile Jacob, 1998.

CYRULNIK Boris y LE MAY Michel (dir.), *Ces enfants qui tiennent le coup*, París, Hommes et Perspectives, 1998.

DAUZAT Albert, *Dictionnaire étymologique des noms de famille et prénoms de France*, París, Larousse, 1970.

_____*Les Noms de famille de France. Traité d'anthroponymie française*, 3.ª ed., París, Guénégaud, 1988.

DAVIS John H., *The Kennedys. Dynasty and Disaster, 1848-1983*, Nueva York, Mc Graw Hill, 1984.

DECANT-PAOLI Dominique, *Haptonomía*, Barcelona, Davinci continental 2008.

DELASSUS Claire, *Le Secret ou l'intelligence interdite*, Marseille, Hommes et Perspectives, 1993.

DENIAU Jean-François, *Mémoires de 7 vies. 1: Les temps aventureux*, París, Plon, 1994.

DESMURGET Michel, *Imitation et apprentissages moteurs. Des neurones miroirs à la pédagogie du geste sportif*, Marsella, Solal, 2006.

DOLTO Françoise, *El caso Dominique*, Madrid, Siglo XXI, 2004.

_____*El Evangelio ante el psicoanálisis*, Madrid, Ediciones Cristiandad, 2006. .

_____*La causa de los niños*, Barcelona, Paidós, 2007.

_____*Infancias*, Madrid, Libros del Zorzal, 2020.

_____*Inconscient et destin* (1988), París, Seuil, col. «Points», 1991.

DUMAS Didier, *L'Ange et le Fantôme. Introduction à la clinique de l'impensé généalogique*, París, Minuit, 1985.

_____*Sans père et sans parole*, París, Hachette Littératures, 1999.

DUNBAR Helen Flanders, *Emotions and Bodily Change. A Survey of Litterature, Psychosomatic Interrelationship, 1910-1953,* Nueva York, Columbia University Press, 1954.

DUPÂQUIER Jacques, *Le Temps des Jules. Les prénoms en France au XIXe siècle*, París, Éditions Christian, 1987.

DUPEREY Anny, *Le Voile noir*, París, Seuil, 1992.

_____*Los gatos de fortuna*, Palma de Mallorca, José Olañeta Editor, 2012,.

DÜRCKHEIM Karlfried Graf, *Hara, el centro vital del hombre*, Bilbao, Ediciones Mensajero, 1980 .

DUTHOIT Jean-Pierre, *Essai sur les phénomènes transgénérationnels. Les dents des fils*, París, L'Harmattan, 1999.

EIGUER Alberto, *Un divan pour la famille. Du modèle groupal à la thérapie familiale psychanalytique*, París, Le Centurion, 1983.

_____«L'intérêt pour le transgénérationnel dans la thérapie familiale psychanalytique», *Champ psychosomatique*, 23, 2001, pp. 101-115.

EIGUER Alberto, CAREL André, ANDRÉ-FUSTIER Francine et al., *Le Générationnel. Approche en thérapie familiale psychanalytique*, París, Dunod, 2005.

EIGUER Alberto, GRANJON Évelyne y LONCAN Anne, *La Part des ancêtres*, París, Dunod, 2006.

ELIADE Mircea, *Mitos, sueños y misterios*, Barcelona, Kairós, 2001.

ELKAÏM Mony, *Si me amas, no me ames*, Barcelona, GEDISA, 2015.

_____«Les thérapies familiales intergénérationnelles», en M. Elkaïm (dir.), *Panorama des thérapies familiales*, París, Seuil, 1999.

ENGEL George, «The Death of a Twin. Mourning and Anniversary Reactions. Fragments of Ten Years of Self Analysis», *International Journal of Psychoanalysis*, 56 (1), 1975, pp. 23-140.

ENGLISH Fanita, «L'épiscénario et le jeu de la pomme de terre brûlante», en *Aventures en analyse transactionnelle et autres vraies histoires*, París, Épi, 1984, pp. 159-166.

EPSTEIN Helen, *Le Traumatisme en héritage. Conversations avec des fils et filles de survivants de la Shoah*, París, La Cause des Livres, 2005.

ERIKSON Erik H., *Identity and the Life Cycle*, 2.ª ed., Nueva York, Norton, 1980.

ERNAUX Annie, *La vergüenza*, Barcelona, Tusquets, 2020.

FÉDIDA Pierre y GUYOTAT Jean (dirs.), *Actualités transgénérationnelles en psychopathologie,* París, Université París 7, Centre Censier, 1986.

FELDENKRAIS Moshe, *La autoconciencia del cuerpo*, Barcelona, Grijalbo Mondadori, 2005.

FERENCZI Sándor, «Transfert et introjection» (1909), en *Psychanalyse I. OEuvres complètes, 1908-1912*, París, Payot, 1968, pp. 93-125.

_____*Journal clinique (janvier-octobre 1932)*, París, Payot, 1985.

_____*L'Enfant dans l'adulte*, París, Payot, col. «Petite Bibliothèque Payot», 2006.

_____*Le Traumatisme*, París, Payot, col. «Petite Bibliothèque Payot», 2006.

FESTINGER Leon, *A Theory of Cognitive Dissonance*, Evanston (Ill.), Row & Peterson, 1957.

FISCHER Gustave-Nicolas, *Le Ressort invisible. Vivre l'extrême*, París, Seuil, 1994.

FISCHER I. y HINDE R. A., «The Opening of Milk Bottles by Birds», *British Birds*, 42, 1949, pp. 347-357.

FOGASSI Leonardo, GALLESE Vittorio y RIZZOLATTI Giacomo, «Les neurones miroirs», *Pour la science*, enero de 2007, p. 351.

FORRESTER Viviane, *Vincent Van Gogh, ou l'enterrement dans les blés*, París, Seuil, 1983.

FORWARD Susan, *Parents toxiques. Comment échapper à leur emprise*, París, Stock, 2000.

FOULKES S. H., *La Groupe-analyse. Psychothérapie et analyse de groupe*, París, Payot, col. «Petite Bibliothèque Payot», 2004.

FOX Mathews y SHELDRAKE Rupert, *The Physics of Angels. Exploring the Realm Where Science and Spirit Meet*, San Francisco, HarperSanFrancisco, 1996.

FRAMO James L., *Familia de origen y psicoterapia*, Barcelona, Paidós, 2010.

FREMONT Helen, *After Long Silence. A Memoir*, Nueva York, Delta Book, 1999.

FREUD Sigmund, *Introducción al psicoanálisis*, Madrid, Alianza Editorial, 2011.

_____*La interpretación de los sueños*, Madrid, Alianza Editorial, 2011.

_____«Le roman familial des névrosés» (1909), en *Névrose, psychose et perversion*, 12.ª ed., París, PUF, 2002.

_____*Essais de psychanalyse* (1914-1923), París, Payot, col. «Petite Bibliothèque Payot», 2001.

_____«Considérations actuelles sur la guerre et la mort» (1915), en *Essais de psychanalyse*, París, Payot, col. «Petite Bibliothèque Payot», 2001.

_____*Duelo y melancolía*, Veracruz (México), Universidad Veracruzana, 2017.

_____*Más allá del principio del placer*, Madrid, Akal, 2020.

_____*Introducción al narcisismo y otros ensayos*, Madrid, Alianza, 2012.

_____*Moisés y la religión monoteísta*, Los Angeles, CreateSpace, 2016.

_____*L'Inquiétant familier* (1919), seguido de *Marchand de sable* de E.T.A. Hoffmann, París, Payot, col. «Petite Bibliothèque Payot», 2011.

FROMM Erich, «The Social Unconscious», en *Beyond the Chains of Illusion. My Encounter with Marx and Freud*, Nueva York, Simon & Schuster, 1962.

FYNN, *Anna et Mister God*, París, Seuil, 1974.

GAMPEL Yolanda, *Esos padres que viven a través de mí*, Barcelona, Paidós, 2006.

GARCIA Vincent, «Inceste et secrets de famille. L'impensable non-dit. Inceste et liens familiaux», *Dialogue*, n.º 135, 1997, pp. 23-28.

GARCIA-ORAD Ignacio, MENIA A. y ANGLADE N., «Le palimpseste, le génogramme et le temps», *Thérapie familiale*, 17 (4), 1996, pp. 519-531.

GARLAND Caroline, «The Proceedings of the Survivor Syndrome», taller, Londres, Institute of Group Analysis, 1980.

GAULEJAC Vincent de, *La neurosis de clase: Trayectoria social y conflictos de identidad*, Oviedo, Sapere Aude, 2019.

_____*Las fuentes de la vergüenza*, Oviedo, Sapere Aude, 2019.

_____*L'Histoire en héritage. Roman familial et trajectoire sociale*, París, Payot, col. «Petite Bibliothèque Payot», 2012.

GAULEJAC Vincent de y TABOADA LÉONETTI Isabel, *La Lutte des places. Insertion et désinsertion*, 2.ª ed., París, Desclée de Brouwer, 2007.

GENDLIN Eugene T., *Focusing. Proceso y técnica del enfoque corporal*, Bilbao, Ediciones Mensajero, 2015.

GESSAIN Robert, *Ammassalik, ou la Civilisation obligatoire*, París, Flammarion, 1969.

GOETHE, *Poesía y verdad*, Barcelona, Alba Editorial, 2017.

GOFFMAN Erving, *Estigma. La identidad deteriorada*, Madrid Amorrortu, 2013.

_____*Los marcos de la experiencia*, Madrid, Centro de investigaciones sociológicas, 2006.

GOLEMAN Daniel, *La inteligencia emocional*, Barcelona, Kairós, 2019.

GONSETH Marc-Olivier, MAILLARD Nadja, QUELOZ Nicolas y JELMINI Jean-Pierre, *Histoires de vie. Approche pluridisciplinaire*, Neuchâtel y París, Éditions de l'Institut d'ethnologie/Éditions de la Maison des sciences del'homme, 1987.

GREEN André, «La mère morte», en *Narcissisme de vie, narcissisme de mort*, París, Minuit, 1982.

GRODDECK Georg W., *Le Livre du ça. Au fond de l'homme, cela*, París, Gallimard, 1973.

GIRARD Alain, *Le Choix du conjoint*, París, PUF, 1985.

GUYOTAT Jean, *Mort, naissance et filiation. Études de psychopathologie sur le lien de filiation*, París, Masson, 1980.

_____«Recherches psychopathologiques sur les coïncidences mort-naissance», *Psychanalyse à l'université*, n.º 27 y n.º 28, septiembre de 1982.

_____*Filiation et puerpéralité. Entre psychanalyse et biomédecine*, París, PUF, 1995.

GUYOTAT Jean y FÉDIDA Pierre, «Mémoire, transmission psychique», *Psychanalyse à l'Université*, coloquio, enero de 1986.

_____(dir.), *Généalogie et transmission*, París, GREUPP, 1986.

HACHET Pascal, «Les émotions du patient porteur de fantôme. Un levier thérapeutique essentiel. Secrets de famille: dits, non-dits, émotions», *Dialogue*, n.º 140, 1998, pp. 37-45.

HALEY Alex, *Racines*, París, J'ai lu, 1999.

HALL Edward T., *La dimensión oculta*, Madrid, Siglo XXI, 2005.

HARLOW H.F., HARLOW M.K. y HANSEN E.W., «The Maternal Affectional System of Rhesus Monkeys», en Harriet L. Rheingold, *Maternal Behavior in Mammals*, Nueva York, John Wiley, 1963.

HASSOUN Jacques, *Les Contrebandiers de la mémoire*, París, La Découverte, 2002.

HEIREMAN Magda, *Du côté de chez soi. La thérapie contextuelle d'Ivan Boszormenyi-Nagy*, 2.ª ed., París, ESF, 1996.

_____IGODT P., «L'approche intergénérationnelle: la danse de la loyauté et de l'autonomie. L'éthique relationnelle dans la thérapie et dans la formation», *Cahiers critiques de thérapie familiale et de pratiques de réseaux*, n.º 12, 1990.

HÉRITIER Françoise, *Les Deux Soeurs et leur Mère. Anthropologie de l'inceste*, París, Odile Jacob, 1994.

HILGARD Josephine R., «The Anniversary Syndrome as Related to Late-Appearing Mental Illnesses in Hospitalized Patients», en Ann-Louise Silver (dir.), *Psychoanalysis and Psychosis*, Madison, CT, International Universities Press, 1989.

HILGARD Josephine R. y NEWMAN Martha «Evidence for Functional Genesis in Mental Illness. Schizophrenia, Depressive Psychosis and Psychoneurosis», *Journal of Nervous and Mental Diseases*, 132 (1), 1961.

HOLMES T. H. y MASUDA M., «Life Change and Illness Susceptibility», en Barbara S. Dohrenwend (dir.), *Stressful Life Events. Their Nature and Effects*, Nueva York, John Wiley, 1974.

HOPPER Earl, «The Social Unconscious in Clinical Work», *Group*, 20, 1, 1996, pp. 7-42.

HORNEY Karen, *La personalidad neurótica de nuestro tiempo*, Barcelona, Paidós, 1981.

IMBERT-BLACK Evan, *Le Poids des secrets de famille. Quand et comment en parler?*, París, Robert Laffont, 1999.

JANSSEN Thierry, *La solución está en ti: Descubre el poder y la memoria emocional de tu cuerpo*, Barcelona, Martínez Roca, 2007.

JOVANOVIC Pierre, *Enquête sur l'existence des anges gardiens*, 2.ª ed., París, Le Jardin des livres, 2001.

KAËS René, FAIMBERG Haydée *et al.*, *Transmission de la vie psychique entre générations*, 2.ª ed., París, Dunod, 2003.

KARPMAN Stephen B., «Fairy Tales and Script Drama Analysis», *Transactional Analysis Bulletin*, VII, 26, 1968.

KELLEY-LAINÉ Kathleen, *Peter Pan ou l'enfant triste*, 2.ª ed., París, Calmann-Lévy, 2005.

KOBASA Suzanne, «Personality and Resistance to Illness», *American Journal of Community Psychology*, 7, 1979, pp. 43-423.

_____«Stressful Life Events, Personality and Health. An Inquiry into Hardiness», *Journal of Personality and Social Psychology*, 37, 1979, pp. 1-11.

_____*et al.*, «The Hardy Personality. Toward a Social Psychology of Stress and Health», en S. Sulls, G. Sanders (dir.), *Social Psychology of Health and Illness*, Hillsdale, N. J., Erebaum, 1982, pp. 3-33.

KORZYBSKI Alfred, *Une carte n'est pas le territoire. Prolégomènes aux systèmes non-aristotéliciens et à la sémantique générale*, París, Éditions de L'Éclat, 2007.

KOTANI Hidefumi, «Safe Space in a Psychodynamic World», *International Journal of Counseling and Psychotherapy*, vol. 2, 2004, pp. 87-92.

_____«Contemporary Meanings of Psychological Space for Dynamic Psychotherapy», *International Journal of Counseling and Psychotherapy*, vol. 3, 2005, pp. 31-47.

_____«Group Psychology as a Means of Creating Safe Space beyond Cultures», *International Journal of Counseling and Psychotherapy*, vol. 4, 2006, pp. 105-116.

_____«Safe Space Dynamics from Interactive Functioning of the Self and the Ego», *International Journal of Counseling and Psychotherapy*, vol. 5, 2007, pp. 5-16.

KROH Aleksandra, *Les guerres sont loin*, París, Liana Levi, 1993.

KÜBLER-ROSS Elisabeth, *Les Derniers Instants de la vie*, Ginebra, Labor et Fides, 1975.

_____*La Mort, dernière étape de la croissance*, Monaco, Éditions du Rocher, 1985.

_____*La muerte: un amanecer*, Barcelona, Planeta, 2020.

LANGLOIS Doris y LANGLOIS Lise, *Psicogenialogía. Cómo transformar la herencia psicológica*, Barcelona, Obelisco, 2010.

LANI Martine, *À la recherche de la génération perdue. Histoires de trajectoires en et sans famille*, Marsella, Hommes et Perspectives, 1990.

LANI-BAYLE Martine, *L'Histoire de vie généalogique. D'OEdipe à Hermès*, París, L'Harmattan, 1997.

_____*Taire et transmettre. Les histoires de vie au risque de l'impensable*, Lyon, Chronique sociale, 2006.

LAPLANCHE Jean y PONTALIS J.-B., *Fantasme originaire, fantasme des origines, origines du fantasme*, París, Hachette, 1985.

LECLAIRE Serge, *Matan a un niño. Ensayo sobre el narcisismo primario y la pulsión de muerte*, Madrid, AMORRORTU, 2013.

LEMAIRE Jean-G., «Secret et intimité», *Dialogue*, n.º 129, 1995, pp. 95-106.

LEWIN Kurt, *Resolving Social Conflicts*, Nueva York, Harper, 1948.

_____*Field Theory and Social Sciences*, Nueva York, Harper, 1952.

_____*Psychologie dynamique. Les relations humaines*, París, PUF, 1959.

_____«Décision de groupe et changement social», en A. Levy (dir.), *Psychologie sociale. Textes fondamentaux*, París, Dunod, 1965.

LEWIS Thomas, AMINI Fari y LANNON Richard, *A General Theory of Love*, Nueva York, Vintage Books, 2006.

LEWITA Béatrice, «"Va voir la tante Yolande, elle te dira". Sur la transmission de la mémoire généalogique dans la bourgeoisie. Héritages et filiations», *Dialogue*, n.º 89, 1985, pp. 8-16.

LIFTON Betty Jean, *Twice Born. Memoirs of an Adopted Daughter*, 2.ª ed., Nueva York, The Other Press, 2006.

MAILLET-TINGAUD Marie-Christine y GRAU Christiane, *Ma famille, quel défi! Rester loyal et choisir sa vie*, Ginebra, Jouvence, 2006.

MALOUF Amin, *Las cruzadas vistas por los árabes*, Madrid, Alianza, 2012.

MANDELBROT Benoît, *La geometría fractal de la naturaleza*, Barcelona, Tusquets, 2021.

_____*Les Objets fractals: forme, hasard et dimension*, París, Flammarion, col. «Champs», 1995.

_____*Fractales y finanzas*, Barcelona, Tusquets, 2006.

MANNONI Maud, *La primera entrevista con el psicoanalista*, Barcelona, GEDI-SA, 2008.

MASLOW Abraham, «The Instinctive Nature of Basic Needs», *Journal of Personnality*, 22, 1954, pp. 340-341.

MAUROIS André, *L'Instinct du bonheur*, París, Grasset, 1934.

MAY Rollo, *The Meaning of Anxiety* (1950), 2.ª ed., Nueva York, Norton, 1996.

_____*Le Désir d'être. Psychothérapie existencielle*, París, Épi, 1982.

_____*Paulus Tillisch as Spiritual Teacher*, Nueva York, Say book, 1988.

MAY Rollo, ANGEL Ernest y EL LENBERGER Henri (dirs.), *Existence. A New Dimension in Psychiatry and Psychology*, Nueva York, Basic Books, 1958.

MCGOLDRICK Monica y GERSON Randy, *Génogramme et entretien familial* (1990), 3.ª ed., París, ESF, 1997.

MCGOLDRICK Monica, *You Can Go Home Again. Reconnecting With Your Family*, Nueva York, Norton, 1995.

MÉRAI Magdolna, *Grands-Parents, charmeurs d'enfants. Étude des mécanismes transgénérationnels de la maltraitance*, París, L'Harmattan, 2002.

MIJOLLA Alain de, *Les Visiteurs du moi. Fantasmes d'identification*, 2.ª ed., París, Les Belles Lettres, 2003.

_____*Préhistoires de famille*, París, PUF, 2004.

MILLER Alice, *Por tu propio bien. Raíces de la violencia en la educación del niño*, Barcelona, Tusquets, 2021.

_____*L'Enfant sous terreur. L'ignorance de l'adulte et son prix*, París, Aubier, 1986.

_____*Salvar tu vida. La superación del maltrato en la infancia*, Barcelona, Tusquets, 2020.

_____*El cuerpo nunca miente*, Barcelona, Tusquets, 2020.

MINC Alain, *La nueva Edad Media*, Barcelona, Temas de Hoy, 1994.

MINUCHIN Salvador, *Familias y terapia familiar*, Barcelona, GEDISA, 2015.

MOLINIÉ Magali, *Soigner les morts pour guérir les vivants*, París, Les Empêcheurs de penser en rond, 2006.

MONTAGU Ashley, «The Sensory Influences of the Skin», *Texas Reports on Biology and Medicine*, vol. 2, 1953, pp. 291-301.

_____*El tacto: la importancia de la piel en las relaciones humanas*, Barcelona, Paidós, 2016.

MORENO J. L., «Interpersonal Therapy, Group Psychotherapy and the Function of the Unconscious», *Group Psychotherapy*, VII, 3-4, 1954, pp. 191-204.

_____«Interpersonal Therapy, Group Psychotherapy and the Function of the Co-uncounscious», *Psychodrama*, vol. 2, Nueva York, Beacon House, 1959.

_____*Psychothérapie de groupe et psychodrame. Introduction théorique et clinique à la socio-analyse*, París, PUF, 1965.

_____*Fondements de la sociométrie*, 2.ª ed., París, PUF, 1970.

MORRIS Desmond, *La Clé des gestes*, París, Grasset, 1979.

MOSCA Francesca y GARNIER Anne-Marie, «Le génogramme, outil de base en pédopsychiatrie», *Thérapie familiale*, 26 (3), 2005, pp. 247-258.

MOUCHENIK Yoram, *Ce n'est qu'un nom sur une liste, mais c'est mon cimetière. Traumas, deuils et transmission, chez les enfants juifs cachés en France pendant l'Occupation*, Grenoble, La Pensée sauvage, 2006.

MUGNIER Jean-Paul, *Les Stratégies de l'indifférence*, seguido de *La prise en charge de l'enfant victime d'abus sexuels et de sa famille*, París, ESF, 2002.

MUXEL Anne, *Individu et mémoire familiale*, París, Nathan, 1996.

NACHIN Claude, *Les Fantômes de l'âme. À propos des héritages psychiques*, París, L'Harmattan, 1993.

_____*À l'aide, y a un secret dans le placard!*, París, Fleurus, 1999.

NARDONE Giorgio y WATZLAWICK Paul, *El arte del cambio*, Barcelona, Herder, 1995.

NASIO J. D., *Le Livre de la Douleur et de l'Amour*, París, Payot, col. «Petite Bibliothèque Payot», 2003.

NEUBURGER Robert, *Les familles qui ont la tête à l'envers. Revivre après un traumatisme familial*, París, Odile Jacob, 2005.

NISSE Martine y SABOURIN Pierre, *Quand la famille marche sur la tête. Inceste, pédophilie, maltraitance*, París, Seuil, 2004.

OFFROY Jean-Gabriel, *Le Choix du prénom*, Marsella, Hommes et Perspectives, 1993.

OLLIÉ-DRESAYRE Judith y MÉRIGOT Dominique, *Le Génogramme imaginaire. Liens du sang, liens du coeur*, Issyles-Moulineaux, ESF, 2001.

_____«Du génogramme filiatif au génogramme imaginaire», *Thérapie familiale*, 26 (3), 2005, pp. 259-269.

PAPAGEORGIOU-LEGENDRE Alexandra, *Filiation. Fondement généalogique de la psychanalyse*, París, Fayard, 1990.

PASSAGE Yves du, *Guide de la généalogie pour tous. À la recherche de ses racines*, París, Hachette, 1994.

PEALE Norman Vincent, *Usted puede si cree que puede*, Barcelona, Obelisco, 2006.

PENFIELD Wilder, *The Mystery of the Mind*, Princeton, Princeton University Press, 1975.

PERROT Jean, «L'enfant ancêtre», *Nouvelle Revue d'ethnopsychiatrie*, n.º 4, diciembre de 1985.

PIGANI Érik, «La psychogénéalogie», *Psychologies Magazine*, n.º 188, 2003, pp. 142-145.

PLATON, «Er le Pamphylien», en *La République*, París, Gallimard, col. «Bibliothèque de La Pléiade», 1989.

POE Edgar Allan, «La lettre volée» (1857), en *Histoires extraordinaires* (1857), París, Flammarion, col. «GF», 2010. (La versión en castellano —*La carta robada*— ha sido publicada por varias editoriales).

PRIGOGINE Ilia y STENGERS Isabelle, *Entre le temps et l'éternité*, París, Fayard, 1988.

RACAMIER Paul-Claude, *Le Génie des origines. Psychanalyse et psychoses*, París, Payot, 1992.

_____*L'Inceste et l'Incestuel,* París, Dunod, 2010.

RAIMBAULT Ginette, *L'Enfant et la Mort. Problèmes de la clinique du deuil* (1975), 2.ª ed., Dunod, 2005.

_____*Clinique du réel. La psychanalyse et les frontières du médical*, París, Seuil, 1982.

RAVERAT Gwen, *Un retrato de época: Las memorias de infancia de la nieta de Darwin*, Madrid, Siglo XXI, 2009.

RICOEUR Paul, *Lo voluntario y lo involuntario: Filosofía de la Voluntad*, edición independiente, 2021.

RIZZOLATTI Giacomo y SINIGAGLIA Corrado, *Les Neurones miroirs*, París, Odile Jacob, 2008.

ROBERTS Royston M., *Serendipia: Descubrimientos accidentales en la ciencia*, Madrid, Alianza, 2013.

ROSENTHAL Robert y JACOBSON Lenore, *Pygmalion à l'école*, París, Casterman, 1971.

ROSSI Ernest L., *Psychobiologie de la guérison. La communication corps-esprit au service de la santé*, 2.ª ed., Barret-sur-Méouge, Le Souffle d'or, 2002.

ROUSTANG François, *La Fin de la plainte*, París, Odile Jacob, 2000.

_____*Il suffit d'un geste*, París, Odile Jacob, 2003.

SARTRE Jean-Paul, *Las palabras*, Oviedo, Losada, 2014.

SCHNEIDER Michel, *Blessures de mémoire*, París, Gallimard, 1980.

SEGALEN Martine, *Quinze générations de Bas-Bretons. Parenté et société dans le pays bigouden-sud, 1720-1980*, París, PUF, 1985.

SEGALEN Martine, ZONABEND Françoise, BURGUIÈRE André y KLAPISCH-ZUBER Christiane (dir.), *Histoire de la famille*, París, Armand Collin, 1986.

SELOUS Edmund, *Thought Transference (or What?) in Birds*, Londres, Constable, 1931.

SELVINI Mara, «Secrets familiaux: quand le patient ne sait pas», *Thérapie familiale*, 18 (2), 1997, pp. 109-125.

SEYLE Hans, *Le Stress de la vie*, París, Gallimard, 1962.

SHELDRAKE Rupert, *La Mémoire de l'Univers*, Mónaco, Éditions du Rocher, 1988.

_____*Una nueva ciencia de la vida*, Barcelona, Kairós, 2011.

SIMONTON Carl, MATTHEWS Stephanie y CREIGHT James, *Recuperar la salud*, Málaga, Sirio, 2015.

SIMONTON Carl, MATTHEWS Stephanie y SHOOK Robert L., *La Famille, son malade et le cancer. Coopérer pour vivre et pour guérir*, París, Épi, 1991.

SOGYAL Rimpoché, *El libro tibetano de la vida y de la muerte*, Barcelona, Urano, 2015.

SOULÉ Michel (dir.), *Les Grands-parents dans la dynamique psychique de l'enfant*, París, ESF, 1979.

_____*Le Nouveau Roman familial, ou On te le dira quand tu seras plus grand*, París, ESF, 1984.

SOUTY Georgina y DUPONT Pascal, *Destins de mères, destins d'enfants. De l'abandon aux retrouvailles*, París, Odile Jacob, 1999.

STERN Daniel N., *Le Monde interpersonnel du nourrisson*, París, PUF, 1989.

_____«Dialogue entre l'intrapsychique et l'interpersonnel. Une perspective développementale», en Élisabeth Fivaz-Depeursinge (dir.), *Texte et contexte dans la communication. Cahiers critiques de thérapie familiale et de pratiques de réseaux*, n.º 13, 1991.

STIERLIN Helm *et al.*, *Le Premier Entretien familial*, París, J.-P. Delarge, 1979.

STUART Marian R. y LIEBERMAN Joseph A., *The Fifteen Minute Hour: Applied Psychotherapy for the Primary Car Physician*, 3.ª ed., Nueva York, Praeger, 2002.

SZTULMAN Henri, BARBIER André y CAIN Jacques (dirs.), *Les Fantasmes originaires. Les origines du commencement*, Toulouse, Privat, 1986.

THOLET Claude, *Tel père, tel fils*, París, Dunod, 1984.

TILLICH Paul, *Le Courage d'être*, París, Casterman, 1967.

TISSERON Serge, *Tintin chez le psychanalyste*, París, Aubier-Archimbaud, 1985.

_____*Secrets de famille, mode d'emploi*, París, Ramsay, 1986.

_____«Honte, affiliation et généalogie», *Les Temps modernes*, febrero de 1986.

_____*Tintin et les secrets de famille*, París, Aubier, 1992.

_____*Vérités et mensonges de nos émotions*, París, Albin Michel, 2005.

_____«Quand les revenants et les fantômes hantent le corps», *Le Journal des Psychologues*, n.º 238, 2006, pp. 55-58.

TISSERON Serge, TÖRÖK Maria, RAND Nicolas *et al.*, *Le Psychisme à l'épreuve des générations*, París, Dunod, 1995.

TISSERON Serge y WERMAERE Jean, «Le poids des secrets de famille. Qu'est-ce que transmettre? Savoir, Mémoire, Culture, Valeurs», *Sciences humaines*, especial (36), 2002, pp. 6-9.

TOBIE Nathan, *L'Influence qui guérit*, París, Odile Jacob, 1994.

TODD Emmanuel, *L'Invention de l'Europe*, París, Seuil, 1990.

TOFFLER Alvin, *Le Choc du futur*, París, Denoël, 1974.

TÖRÖK Maria, «Préface» en Nicolas Rand, *Le Cryptage et la vie des oeuvres*, París, Aubier, 1989.

_____*Une vie avec la psychanalyse*, París, Aubier, 2002.

TOUBIANA Éric, *L'Héritage et sa psychopathologie*, París, PUF, 1988.

VAN DER KOLK Bessel A. (dir.), *The Effects of Overhelming Experience on Mind, Body, and Society*, Nueva York, The Guilford Press, 1996.

VAN EERSEL Patrick y MAILLARD Catherine, *J'ai mal à mes ancêtres! La psychogénéalogie aujourd'hui*, París, Albin Michel, 2002.

VEGH Claudine, *Je ne lui ai pas dit au revoir. Des enfants de déportés parlent*, París, Gallimard, 1979.

VELDMAN Frans, *Haptonomie, amour et raison*, París, PUF, 2004.

_____*Haptonomie, science de l'affectivité*, 9.ª ed., París, PUF, 2007.

VIGOUROUX François, *Le Secret de famille*, París, PUF, 1993.

VINCENT Jean-Didier, *La Chair et le Diable*, París, Odile Jacob, 1997.

VIORST Judith, *Les Renoncements nécessaires. Tout ce qu'il faut abandonner pour devenir adulte*, París, Robert Laffont, 1988.

VOLKAN Vamik, *Bloodlines. From Ethnic Pride to Ethnic Terrorism*, Nueva York, Farrar, Strauss & Giroux, 1997.

WACHTEL Ted, *Real Justice. How We Can Revolutionize our Response to Wrongdoing*, Pipersville, The Piper's Press, 1997.

WARDI Dina, *Memorial Candles. Children of the Holocaust*, Londres y Nueva York, Routledge, 1992.

WATZLAWICK Paul, BEAVIN Janet Helmick y JACKSON Don D., *Une logique de la communication*, París, Seuil, 1979.

WEBSTER Harriet, *Pour en finir avec les secrets de famille. Ces vérités qui sont bonnes à dire*, Montréal, Le Jour Éditeur, 1993.

WIDLÖCHER Daniel, *Freud et le problème du changement*, París, PUF, 1970.

WINKIN Yves (dir.), *La nueva comunicación*, Barcelona, Kairós, 2008.

WINNICOTT Donald W., *Processus de maturation chez l'enfant. Développement affectif et environnement*, París, Payot, 1970.

_____«Rôle de miroir de la mère et de la famille dans le développement de l'enfant», en *Jeu et réalité*, París, Gallimard, 1971.

_____*L'Enfant et le monde extérieur*, París, Payot, 1972.

_____*Psicoanálisis de una niña pequeña*, Barcelona, GEDISA, 2012.

_____*Conversations ordinaires*, París, Gallimard, 1988.

_____«Objets transitionnels et phénomènes transitionnels» (1951), en *Les Objets transitionnels*, París, Payot, col. «Petite Bibliothèques Payot», 2010.

YAHYAOUI Abdessalem (dir.), *Le Corps, espace-temps et traces de l'exil. Incidences cliniques*, Grenoble, APAM/La Pensée sauvage, 1989.

YALOM Irvin, *La cura Schopenhauer*, Barcelona, Destino, 2017.

YEHUDA Rachel, «Low Urinary Cortisol Excretion in Holocaust Survivors with Post Traumatic Stress Disorders», *American Journal of Psychiatry*, n.º 152, 1995, pp. 982-986.

ZAJDE Nathalie, *Guérir de la Shoah. Psychothérapie des survivants et de leurs descendants*, París, Odile Jacob, 2005.

_____*Enfants de survivants. La transmission du traumatisme chez les enfants des Juifs survivants de l'extermination nazie*, 2.ª ed., París, Odile Jacob, 2005.

ZEIGARNIK Bluma, «Das Behalten erledigter und underledigter Handlungen», *Psychologische Forschung*, 9, 1967, pp. 1-85.

Revistas

Dialogue, editada por la Association française des centres de consultation conjugale (AFCCC).

Dialogue, Les secrets de famille, n.º 70, 1980.

Dialogue, Mythes familiaux, n.º 84, 1984.

Dialogue, Héritages et filiations, n.º 89, 1985.
Dialogue, Généalogie et fantômes, n.º 90, 1985.
Dialogue, Les rites familiaux, n.º 91, 1986.
Dialogue, La présence de l'absent, n.º 98, 1987.
Dialogue, Détruire ceux que l'on aime, n.º 99, 1988.
Dialogue, Le dialogue et le secret, n.º 100, 1988.
Dialogue, Dettes et cadeaux dans la famille, n.º 110, 1990.
Dialogue, Loyautés familiales et désir d'enfant, n.º 111, 1991.
Dialogue, Le sacrifice dans la famille, n.º 116, 1992.
Dialogue, Construire la parenté, n.º 126, 1994.
Dialogue, Rites et marques de passage, n.º 127, 1995.
Dialogue, L'adoption, une nouvelle naissance, n.º 133, 1995.
Dialogue, Couples et secrets de famille, n.º 134, 1996.

Canciones
DUTEIL Yves, *Les dates anniversaires.*

Películas
BINET Marie, *Noir comment?*, París, Au même titre Édition, 1999.
LELOUCH Claude, *Les Uns et les Autres* y muchas otras películas, 1980-1997.
SHELDRAKE Rupert, *On Masters and Dogs*, 2000.

Videocasetes en inglés
SHELDRAKE Rupert, ANCELIN SCHÜTZENBERGER Anne y HELLINGER Bert, *Re-Viewing Assumptions. A Dialog about Phenomena that Challenge our World-View* (70 min.) [mesa redonda de diálogo acerca del coinconsciente y su transmisión transgeneracional].

Notas

Capítulo 1

1. Ver J. R. Hilgard, «The anniversary syndrome asvrelated to late-appearing mental illnesses in hospitalized patients», en A. L. Silver (dir.), *Psychoanalysis and Psychosis*, Madison, CT, International, Universities Press, 1989; B. Cyrulnik, *Un merveilleux malheur*, París, Odile Jacob, 1999; A. Ancelin Schützenberger, *Aïe mes aïeux!*, 15.ª ed., París, Desclée de Brouwer, 2000.

Capítulo 2

1. Ver Donald W. Winnicott, *Processus de maturation chez l'enfant*, París, Payot, 1970; A. Ancelin Schützenberger, *Le Plaisir de vivre*, Paris, Payot, col. «Petite Bibliothèque Payot», 2011, cap. II.
2. N. Abraham, M. Török, *L'Écorce et le Noyau*, París, Aubier, 1978 y notas personales y conversaciones, 1967-1970.
3. J. L. Moreno, *Psychodrama I*, Nueva York Beacon House, 1946, cap. VII. El énfasis es suyo.
4. Ver A. Ancelin Schützenberger, *Le Psychodrame*, París, Payot, col. «Petite Bibliothèque Payot», 2001.

Capítulo 3

1. Ver V. Volkan, *Bloodlines. From Ethnic Pride to Ethnic Terrorism*, Nueva York, Farrar, Strauss & Giroux, 1997. Ver también mi apertura e introducción pronunciada en 1998 en el congreso IAGP de Londres.

Capítulo 4

1. Ver sobre todo A. Ancelin Schützenberger y G. Devroede, *Ces enfants malades de leurs parents*, París, Payot, col. «Petite Bibliothèque Payot», 2005.

Capítulo 5
1. R. Sheldrake, *La Mémoire de l'Univers*, Mónaco, Éditions du Rocher, 1988.
2. H. Searles, *L'Effort pour rendre l'autre fou*, París, Gallimard, 2003.
3. Clémence ha autorizado la publicación de su historial clínico. Las notas han sido tomadas por una observadora (E. B. J.).
4. R. Sheldrake, *Ces chiens qui attendent leur maître: autres pouvoirs inexpliqués des animaux*, Mónaco, Éditions du Rocher, 2001, y *The Sense of Being Stared At,* Londres, 2005.
5. Ver G. Rizzolatti y C. Sinigaglia, *Les Neurones miroirs*, París, Odile Jacob, 2008.
6. P. Jovanovic, *Enquête sur l'existence des anges gardiens*, París, J'ai lu, 1999.
7. Platón, *Oeuvres complètes*, tomo 1, París, Les Belles Lettres, 1959, *Apologie de Socrate*: 31D, 1[59].

Capítulo 9
1. Ver C. Joannès, *Les Liens du sans*, Mémoire de find'études de Conseil conjugal et familial, Paris, IFEPP, 2000.

Capítulo 10
1. Ver D. Leader, *La Question du genre et autres essais psychanalytiques*, París, Payot, 2001 [título original: *Freud's footnotes*].
2. Ver A. Ancelin Schützenberger y É. Bissone Jeufroy, *Sortir du deuil. Surmonter son chagrin et réapprendre à vivre*, 2.ª ed., París, Payot, 2007.

Capítulo 12
1. Ver D. W. Winnicott, *La Mère suffisamment bonne*, Paris, Payot, col. «Petite Bibliothèque Payot», 2006.
2. Ver por ejemplo H. Kotani, «Safe Space in a Psychodynamic World», *International Journal of Counselling and Psychotherapy*, 2, 2004 y «Safe Space Dynamics from interactive Functioning of the Self and the Ego», *International Journal of Counseling and Psychotherapy*, 5, 2007.
3. Sobre este tema, ver A. Ancelin Schützenberger, *Le Plaisir de vivre*, Paris, Payot, col. «Petite Bibliothèque Payot», 2011, caps. I y II.
4. Ver W. Penfield y T. Rasmussen, *The Cerebral Cortex of Man*, Nueva York, Macmillan, 1950.
5. Ver N. Bounine Cabalé, *Vivre debout, ou l'équilibre retrouvé*, París, Lattès, 2005.
6. S. Swift, *La Nouvelle Équitation centrée. Aller plus loin*, París, Zulma, 2006. (Publicada en castellano por Editorial Hispano Europea con el título *Equitación centrada*).
7. Ver S. C. Kobasa, «Personality and Resistance to Illness», *American Journal of Community Psychology*, 7, 1979, pp. 43-423, y «Stressful Life

Events, Personality and Health. An Inquiry into Hardiness», *Journal of Personality and Social Psychology*, 37, 1979, pp. 1-11.

Capítulo 13
1. Sobre este tema, ver A. Ancelin Schützenberger, *Le Plaisir de vivre*, París, Payot, col. «Petite Bibliothèque Payot», 2011.
2. Ver A. Vexliard, *Le Clochard*, nouv. éd., París, Desclée de Brouwer, 1998.
3. Eva Wald Leveton, *Eva's Berlin. Memories of a Wartime Childhood*, Fairfax, CA, Thumbprint Press, 2000.

Capítulo 15
1. H. Searles, *L'Effort pour rendre l'autre fou*, París, Gallimard, col. «Folio», 2003.

Conclusión
1. P. Ricoeur, *Philosophie de la volonté. 1: Le volontaire et l'involontaire*, París, Aubier, 1949, reed. Points, 2009.

Anexos
1. Ver T. H. Holmes y R. H. Rahe, «The Social Readjustment Rating Scale», *Journal of the Psychosomatic Research*, 1967, republicado en *The New York Times*, 10 de junio de 1973. Holmes y Rahe han retomado en Harvard los trabajos de Adolphe Meyer.
2. Complemento de 2007, Anne Ancelin Schützenberger.
3. P. Avrane, *Sherlock Holmes & Cie. Détectives freudiens*, París, Louis Audibert, 2005.
4. W. Barral, «Préface», *en* Taqui Taquitté (seudónimo), *Inceste*, publication privée, París, 2005, 82 f.
5. Ver A. Ancelin Schützenberger y É. Bissone Jeufroy, *Sortir du deuil. Surmonter son chagrin et réapprendre à vivre*, 2.ª ed., París, Payot, 2007.